ग्लोब के बाहर लड़की

ग्लोब के बाहर लड़की

प्रत्यक्षा

राजकमल प्रकाशन

ISBN : 978-93-88753-31-9

मूल्य : 395

पहला संस्करण : 2020

प्रकाशक : राजकमल प्रकाशन प्रा. लि.
1-बी, नेताजी सुभाष मार्ग, दरियागंज
नई दिल्ली-110 002

शाखाएँ : अशोक राजपथ, साइंस कॉलेज के सामने, पटना-800 006
पहली मंजिल, दरबारी बिल्डिंग, महात्मा गांधी मार्ग, इलाहाबाद-211 001
36 ए, शेक्सपियर सरणी, कोलकाता-700 017

वेबसाइट : www.rajkamalprakashan.com
ई-मेल : info@rajkamalprakashan.com

मुद्रक : यश प्रिंटोग्राफिक्स
नोएडा-201 301 (उत्तर प्रदेश)

GLOBE KE BAHAR LADKI
by Pratyaksha

भूमिका

2005 से 2010 के बीच लिखी गईं ये सतरें दिल की बहकन हैं, इतने दिनों गुमनाम ब्लॉग के पते पर खोईं-सोईं, अब इस किताब में सामने हैं। न कविता, न कहानी, न कथा, न यात्रा, न डायरी। ये बस मन के अरमान हैं, शब्दों में रंग-गंध भर लेने का उल्लास, और चूँकि ये मेरे अंतरतम की झलक हैं, अपने गोपन को प्रकट करने की बहक, इसलिए भले ही इन्हें कई बरस पहले लिखा हो, मेरे मन में अब भी यह ताज़ा, दिलक़रीब, दिलफ़रेब दुनिया है।

उन सब प्यारे दोस्तों के लिए : जो मेरे लिखे पर ख़ुश होते हैं, उनकी ख़ुशी के नाम, ये लड़की जो खड़ी है, ग्लोब के बाहर, दुनिया को उसी हसरत से देखती जैसी आंतोआं सां एक्ज़्यूपरी के नन्हे नवाब ने देखा होगा...

But eyes are blind. You have to look with the heart.

—Antoine de Saint—Exupéry

प्यारे पाठकों के लिए : एक कोशिश है कि दिल, मन और भाषा का मीठा संसार बने, भाव और एहसास की धुंध में लिपटी दुनिया अचानक एक ऐसा धुन छेड़े जो तीर के तीखेपन-सी अवचेतन में धँस-धँस जाए, उदासी और ख़ुशी का जीवन राग हो जैसे ग्लोब के बाहर लड़की वही धुन है जो ज़ुबान पर अपना मुहब्बत भरा एक स्वाद चिरंतन छोड़ दे, मन उसी धुन को बार-बार सुनने की चाहत रखे, दिल उसके भाव संग युगलबन्दी करते उल्लास से भर जाए।

—प्रत्यक्षा

क्रम

ये जो दिल है, दर्द है कि दवा है

बाबू, अब और क्या?

हुस्नआरा का हुस्न देखने लायक़ था। रसूल यों ही नहीं जाँनिसार हुए जाते थे। हुक्का गुड़गुड़ाते अपनी नमाज़ी टोपी सिरहाने सहेजते मिची आँखों से नीम के पत्तों का सहन में गिरना देखते। लम्बी दोपहरी होती, बहुत-बहुत लम्बी। इतनी कि साँझ का इंतज़ार करना पड़ता। इतनी कि ऊब छतों की बल्लियों से चमगादड़ जैसी उल्टी लटकी हुई पूछती, बाबू, अब और क्या?

लम्बी और ऊब उकताहट भरी दोपहरी जिसका एक-एक लम्हा इतना खिंचता कि एक साँस लो तो फिर दूसरी गिननी पड़ती। वक़्त जब बीतता, तब न बीतता हुआ दिखता और बीत जाने के बाद एक अजब से स्वाद के साथ वापस आता।

रसूल कहते, 'यह उन दिनों की बात है जब दिन लम्बे हुआ करते थे, ख़ूब लम्बे, भूतिया कहानी वाले लम्बे हाथ की तरह लम्बे...'

हुस्नआरा तिनक कर कहतीं, 'तुम्हारी बात जितने लम्बे? हाथी के पूँछ जितनी लम्बे? या फुलगेंदवा के हनुमान जी की पूँछ जैसे?

रसूल अपनी दाढ़ी खुजाते हँस पड़ते, पर होता था एक वक़्त ऐसा। कुएँ के पास वाली मिट्टी में पुदीना हरहरा कर उगता। मेहँदी की झाड़ के साए में गौरेया फुदकती, लोटे की टपकती टोंटी से चोंच सटाए दो बूँद पानी से गला तर करती...ऐसी लम्बी, बेकाम की दोपहरी।

छत पर चढ़े कोंहड़े के बेल से सुगन्ध फूटती, नम मिट्टी के गंध से घुलती धीमे से दीवार के साए में सुस्ताने बैठ जाती। पिछले बरामदे से सिलाई मशीन की आवाज़ गड़गड़ निकलती, रुकती, फिर शुरू होती। हुस्नआरा के पैर मशीन के पैडल पर एक लय में चलते। कपड़ों की कतरन, धागे का बंडल, तरह-तरह के बॉबिन और सूई, गट्ठर के गट्ठर। इसी सबके बीच चूल्हे पर अदहन खदबदाता, सूप में चावल और राहड़ की दाल चुन कर रखी होती।

रसूल कान पर फँसाई बीड़ी एहतियात से निकालते, सुलगाते और हथेली

की ओट में भरके सुट्टा खींचते। सारा दिन दोपहर होता। सुबह फट से दोपहर हो जाती और साँझ जाने कब आती नहीं कि रात हो जाती।

ऐसे होते थे दिन जब हाथपंखा हौंकते, चित्त लेटे, जाने क्या सोचते दिन निकलता। एक दिन के बाद दूसरा, फिर तीसरा, फिर जाने और कितना। सब दिन एक-दूसरे में गड्डमड्ड्। सब एक जैसे कि तफ़सील से कोई पूछे कि फलाँ दिन क्या तो ख़ूब-ख़ूब सोचना पड़े कि अच्छा? उँगली पर जोड़ें और कहें, अच्छा-अच्छा, उस दिन जब प्याज़ लाल मिर्चा का कबूतरी खा के ऐसा झाँस पड़ा था कि खाँसते-खाँसते बेदम हो गए थे?

मुड़ के देखो तो मालूम पड़े कि एक क़तार से सब दिन जाने कितने साल में बदल गए। मटियामेट कर देने वाली उदासी छाती में गहरे धँस गई है। कैसा हौल समा गया है कि चलते भी हैं तो लगता है उल्टा चलें और पाँव के निशान बुहारते चलें।

बाहर गली में आटा चक्की के मशीन की फटफट-फटफट-फटफट गूँजती है, मोटी, बेसुरी और बेहया। जबसे रसूल का हाथ कटा है हुस्नआरा सिलाई करती है। रसूल खटिया पर लेटे देखते हैं और ख़ूब सोचते हैं; जीवन के मायने और मौत के भी। फिर सोचते हैं, यहीं है सब...जन्नत भी और दोज़ख भी। फिर सोचते हैं उन दिनों के बारे में जो कितने लम्बे होते थे। कितनी ज़िन्दगी थी तब। दिन जैसी ही लम्बी। आँख के सामने धुँधलका छा जाता है।

सहन में अरअरा कर नीम की पत्तियाँ गिर रही हैं। हुस्नआरा के चेचक भरे चेहरे पर पसीने की धार है। टूटे कमानी के मोटे चश्मे से भी अब इतना नहीं दिखता कि धागा पिरोया जा सके। हताश सर दीवार से टिकाए चुप बैठ जाती है। अब नहीं पता, अब नहीं...

चुप्पी दबे पाँव आती है, फिर ढीठ बच्चे सी फैल जाती है। कितने दिन बीतते हैं जब दीवारों से कोई आवाज़ नहीं टकराती। रसूल चौंक कर देखते हैं, किस बात पर जाँनिसार हुए थे? जाना था इस औरत को, और उसने मुझे? किस ज़माने की बात है? कोई और रहा होगा, कोई और समय, कोई और भूगोल। मैं नहीं, मैं नहीं, मैं नहीं...

मुड़कर देखते हैं चारों ओर हैरत से, बेगानेपन से। काँपते घुटनों को थामे अचानक उठ खड़े होते हैं, फिर डगमग बाहर। हुस्नआरा एक बार चौंक कर देखती है, फिर मशीन के पास ही सिमट कर ढुलक जाती है।

समय की फ़ितरत ऐसी ही होती है, बेवफ़ा!

एक दोपहर...तुम यक़ीन नहीं करोगे

हम जब बात करते हैं हमारे बीच की हवा तैरती है, तरल। तुम यक़ीन नहीं करोगे लेकिन कई बार मैंने देखी है मछलियाँ, छोटी नन्ही-मुन्नी नारंगी मछलियाँ, तैरते हुए, लफ़्ज़ों के बीच, डुबकी मारती, फट से ऊपर जाती, दाएँ-बाएँ कैसी चपल बिजली सी। तुम कहते हो, मेरी बात नहीं सुन रही ?

मैं जवाब में मुस्कुराती हूँ, तुम्हारी बात पर नहीं। इसलिए कि कोई शैतान मछली अभी मेरे कान को छूती कुतरती गई है। तितलियाँ भी उड़ती हैं कभी-कभार। और कभी-कभी खिड़कियों पर लटका परदा हवा में सरसराता है। हमारी कितनी बातें घुँघरुओं सी लटकी हैं उसके हेम से। मेज पर रखे तश्तरी और कटोरे में दाल और चावल के साथ हमारी उँगलियों का स्वाद भी तो रह गया है।

तुम यक़ीन नहीं करोगे। दीवार पर जो छाया पड़ती है, जब धूप अन्दर आती है, उसके भी तो निशान जज़्ब हैं हवा में। सिगरेट का धुआँ, तुम्हारी उँगलियों से उठकर मेरे चेहरे तक आते-आते परदों पर ठिठक जाता है। मैं कहाँ हूँ पैसिव स्मोकर ? न तुम्हें नैग करती हूँ, छोड़ दो पीना। सिगरेट का धुआँ मुझे अच्छा लगता है। मैं मुस्कराती हूँ। तुम कहते हो, मेरी बात नहीं सुन रही ?

मैं सचमुच नहीं सुन रही तुम्हारी बात। मैं ख़ुशी में उमग रही हूँ। मैं अपने से बात कर रही हूँ। परदे के पीछे रौशनी झाँकती-सिमटती है। उसके इस खेल में रोज़ की बेसिक चीज़ें एक नया अर्थ खोज लेती हैं, जैसी यही चीज़ें ज़रा सी रौशनी बदल जाने से किसी और दुनिया का वक़्त हो गई हैं। तुम सचमुच यक़ीन नहीं करोगे।

लेकिन कई बार मेरी छाती पर कुछ भारी हावी हो जाता है जो मुझे सेमल-सा हलका कर देता है। तब छोटी-छोटी तकलीफ़ें अँधेरे में दुबक जाती हैं। मेरा मन ऐसा हो जाता है जैसे मैं आकाशगंगा की सैर कर लूँ, दुनिया के सब रहस्य बूझ लूँ। पानी के भीतर, रेगिस्तान के वीरान फैलाव के परे, चट नंगे पहाड़ों के शिखर पर...जाने कहाँ-कहाँ अकेले खड़े किन्हीं आदिम मानवों की तरह प्राचीन रीति में सूर्य की तरफ़ चेहरा मोड़ कर उपासना कर लूँ।

परदा हिलता है, रौशनी हँसती है, अँधेरा मुस्कुराता है। तुम कहते हो, मेरी बात नहीं सुन रही ?

तुम यक़ीन नहीं करोगे लेकिन अब मैं सचमुच तुम्हारी बात सुन रही हूँ।

चुंगकिंग एक्सप्रेस ?

सब चीज़ें एक्सपायरी डेट के साथ आती हैं। प्यार, स्नेह, भरोसा, अन्तरंगता, भोला सहज विश्वास...सब। उम्र तक! मैं कहती हूँ।

तुम कहते हो, चुंगकिंग एक्सप्रेस का डायलॉग बोल रही हो ?

मैं लेकिन पाइन ऐपल खाते नहीं मर सकती, मैं हँसती हूँ। मैं दुख में कुछ भी नहीं खाती।

पाइन ऐपल के सारे टिन जो मैं कल ख़रीद लाई थी उनका क्या करूँ अब ? ये अब हँसने वाली बात कहाँ रही। लेकिन सचमुच दुख में मैं कुछ भी नहीं खाती। फिर बिना एक्सपायरी डेट जाँचे, मैं सारे टिन गटर में फेंक देती हूँ। सड़क पर चलती औरत ठिठक कर देखती है। ख़राब है ? पूछती है। मेरे लिए, हाँ, मैं बुदबुदाती हूँ। बाहर बारिश झूमती है। गाड़ी के अन्दर स्टीरियो पर बेगम अख़्तर टूट कर गाती हैं।

हम तो समझे थे कि बरसात में बरसेगी शराब
आई बरसात तो बरसात ने दिल तोड़ दिया

मैं बेतहाशा हँसती हूँ। इसलिए कि मुझे रोना नहीं आता। शीशे के पार सब धुँधला है। सड़क नहीं दिखती, गटर नहीं दिखता, वह दुकान नहीं दिखती जहाँ से टिन ख़रीदा था, तुम भी नहीं दिखते और शायद उससे ज़रूरी, तुम मुझे नहीं देखते, वैसे जैसे मैं तुम्हें दिखना चाहती हूँ।

तुम कहते हो लेकिन अब मैं नहीं सुनती। मैंने सारे पाइन ऐपल टिन गटर में जो फेंक दिये।

तुम कहते हो तुम्हें विदा गीत तक लिखना नहीं आता
मैं कहती हूँ मैं अजनबियों से बात नहीं करती
तुम कहते हो मेरी छतरी बहुत बड़ी है
मैं कहती हूँ बारिश में मैं फिर भी भीग जाती हूँ
तुम कहते हो मेरे पास आसमान है
मैं कहती हूँ ज़मीन किधर है
तुम कहते हो सपने नहीं देखती तुम
मैं कहती हूँ मैं सच देखती हूँ, सपने के पार का सच

बारिश थम गई है। तमाम लिखाई के बावजूद सच मुझे विदागीत लिखना नहीं आता। उसमें ग्रेस और डिग्निटी नहीं आती, उसमें निस्पृहता नहीं आती।

मैं अब तक सड़क पर ठिठक कर देखती फिर आगे बढ़ जाती औरत नहीं बन पाई। मैं अब भी छोटी बच्ची हूँ जो बड़ों की दुनिया में ज़बरदस्ती घुस आई है।

एक ऐसा प्यार भी...

कुछ बेहद उदासी वाला गाना क्रून* करना चाहती हूँ, नशे में डूब जाना चाहती हूँ। माई ब्लूबेरी नाइट्स। अँधेरे रौशन कमरों की गीली हँसी में फुसफुसाते शब्दों को छू लेना चाहती हूँ, उस धड़कती नब्ज़ को छू कर दुलरा लेना चाहती हूँ। गले तक कुछ भर आता है उसे छेड़ना नहीं चाहती, बस रुक जाना चाहती हूँ एक बार, तुम्हारे साथ।

चलते-चलते धुँध में खो जाना चाहती हूँ और एक बार उस मीठे कुएँ का पानी चख लेना चाहती हूँ। एक बार तुमसे बात करना चाहती हूँ बिना ग़ुस्सा हुए और एक बार प्यार, सिर्फ़ एक बार। फिर एक बार नफ़रत। सही तरीक़े से नफ़रत, न एक आउंस कम न एक इंच ज़्यादा, भरपूर, पूरी ताक़त से। और उसके बाद तुम्हें भूल जाना चाहती हूँ। और चाहती हूँ कि तुम मेरे पीछे पागल हो जाओ, मेरे बिना मर जाओ...सिर्फ़ एक बार!

अगली ज़िंदगी अगली बार देखी जाएगी...फिर एक बार!

मेरी यात्रा शुरू होती है अब

मेरा मन ऐसा क्यों हुआ? जैसे दरवाज़े पर लटका भारी ताला? और तुम्हारी संगत के दिन?

ऐसे थे क्या कि धूप अब ख़त्म हुई सदा के लिए? मेरे दिन क्या ऐसे ही लाचार बेचारे थे? अपाहिज़, जो तुम्हारी संगत के बिना एक पल धूप और रौशनी की तरफ़ चल न पाएँ? उन दिनों का रंग माना चटक था, फिज़ाओं में ख़ुशबू ऐसे घुली थी जैसे जुबान पर हमेशा प्लम वाइन का स्वाद। मन में कोई जंगल पत्ते खोलता था, फुनगियाँ आसमान छूती सी थीं, सही है वे दिन वैसे

---

* गुनगुनाना।

ही थे। फिर...उनकी परछाईं इतनी लम्बी क्यों पड़ी कि आज तक के दिन ठंडे, अँधेरे, बिना किसी ताप के हुए। किसी अच्छी चीज़ का बुरा कसैला आफ्टर टेस्ट?

न मैंने स्वाद चखा और अब बस। बस। फिर इसके आगे दिन कुछ और होंगे। जीवन बहुत बड़ा है और तुम्हारा दुख? दुख है लेकिन ऐसा तीखा नहीं कि पहाड़ों पर छाया सर्द हो गई हो। तुम्हारे साथ के दिन वे चाभी नहीं जो इस ताले को खोल दें। वह चाभी उस अल्बम में भी नहीं जिसके फोटो पीले पड़ गए हैं, उस पीलेपन में उन दिनों की रौशनी और ख़ुशी क़ैद है। न चाभी उन यादों में है जिन्हें याद कर मैं हंसता तो हूँ पर छाती हुमहुम कर जाती है। पर यह हँसी भी उस तार की तरह है जिसके खिंचने पर अजीब ऐंठी हुई सी ख़ुशी तड़क जाती है। किसी दोपहर में फ़र्श पर लेटे छत ताकते किसी दोस्त से, किसी पुराने दोस्त से बतियाने जैसा सुख। ऐसा है तुम्हें याद करना, सिर्फ़ ऐसा। न उससे ज़्यादा न उससे कम।

मेरे मन में तुमने खिड़की खोली थी, किसी और प्यारी दुनिया की झलक दिखाई थी, जब तक थी सुहानी थी। उसका सुहानापन, दिनों के किनारे पर जड़ी किरणें और सितारे थे। उसकी चमक अब भी है मेरे अन्दर चमकती हुई लेकिन मैं सिर्फ़ तुम्हारे साथ के दिनों से ख़ुद को सीमित कैसे कर लूँ? दुनिया बड़ी है, बहुत बड़ी और जीवन नियामत है, एक बार मिली हुई नियामत। और हज़ार चीज़ें करनी हैं इस एक जन्म में। तुमसे मोहब्बत की, टूट कर इश्क किया, मेरी आत्मा में नये रंग भरे। उन रंगों का वास्ता, अब मुझे कुछ और करना है। सामने हरा मैदान फैला है, सड़क कहीं दूर जाती है, कोई अनपहचाना छोर कूल-किनारा दिखता है। मैं यायावर होना चाहता हूँ, उस नीले आसमान की चमक मुझे खींचती है। मैं तुमसे प्यार करता हूँ, अब भी इसलिए तुम्हारे बिना जीना चाहता हूँ। दुख-तकलीफ़ में नहीं। ख़ुशी से जीना चाहता हूँ। जैसे कोई बच्चा सुबह उठते ही किलकारी से नये भोर को बाँहें फैला कर गले लगाता है, वैसे। तुम कहती थी मेरे बिना तुम टूट जाओगे न। मेरा टूट जाना मेरे प्यार को साबित करता था? तुम्हारे लिए?

मैं हैरान हूँ। मैं जीता हूँ, साबुत हूँ। इसलिए कि एक समय मैंने प्यार किया, बेहद किया। इसलिए, अब तक जुड़ा हूँ। अब शायद तुमसे प्यार नहीं करता। शायद बहुत करता भी होऊँगा, अब भी। प्यार, तुमसे। या प्यार से। प्यार। शायद पागल हूँ कि सफ़ेद कैनवास को रंगना चाहता हूँ उँगलियों से, रिम के रिम काग़ज़ भरना चाहता हूँ शब्दों से, कैनवस के जूते पहन किसी तंग गलियों

में लोगों के चेहरे देखता, घरों की खिड़कियों से भीतर झाँकता, चलना चाहता हूँ, दुनिया के हर कोने का खाना चखना चाहता हूँ, धूप में बैठकर अपने पसन्द के लोगों से जी भरकर बात करना चाहता हूँ, कितना-कितना करना चाहता हूँ। मैं अपने मन का ताला अपनी चाभी से खोलना चाहता हूँ। मैं जीना चाहता हूँ, तुम्हारे बिना भी ख़ुशी से...उमगना चाहता हूँ। एक समय मैंने प्यार किया था इसलिए भी कि उस पार जाने के लिए दरवाज़ा मेरे ही अन्दर है जो है अगर मैं देख सकूँ, अगर मैं खोल सकूँ।

मेरी यात्रा शुरू होती है अब...

ख़ुद से

मुर्गाबियों का झुँड पानी की सतह पर उतरता है। जैसे साँझ उतरती है। पानी पर पहले उतरती है, पेड़ की पत्तियों से छनकर। आसमान में जबकि अब भी दिन का आभास बाक़ी है। यह दिन का वह समय है जब ख़ुद से बात की जा सके, रफ़्ता-रफ़्ता, सोचकर रुककर समझकर टटोलकर, अपनी आत्मा को खुरचकर। अन्तरतम का कोई कमरा जिसका दरवाज़ा ज़रा सा खुल जाए, कोई रौशनी की लकीर दिख पड़े। ऐसी बात, जैसे किसी से न की हो, मोहब्बत से, कोमलता से, विवेक से। छाती के भीतर कुछ घना सघन जंगल उगता है, उसकी महक मारक है, उसके काँटे बींधते हैं। ऐसे गहरे गहन समय में जब ख़ुद से बात की जा सके।

पानी में डूब जाना दुनिया भुला देना होता है क्या? हर बार उन्हीं अँधेरों में चलना, किसी बन्द गली के आख़िरी मकान का कभी न खुलने वाला दरवाज़ा, सिर पटकना फिर सिर झुकाए कन्धे गिराए रुकना कुछ देर, फिर लौट आना, हर बार।

हर बार अन्तरंगता की चादर ओढ़ना, साथ-साथ उदास गलियों के भूल जाने वाले नामों में भटकना, कहना कि मुझे खींच लो बाहर, मेरे लिए सिर्फ़ मेरे लिए, मुड़ना-मुड़ना-मुड़ना और चाहना, कितना कुछ, हाथ बढ़ाना इस उम्मीद के साथ कि थाम लोगे, हर बार, ओह निष्ठुर मन, कितना निर्विकार तुम्हारा ऐसा चाहना, क्यों न निस्संग? आख़िर?

किसी घने वृक्ष के नीचे लेटना और आसमान तकना, किसी पुराने खंडहर मंदिर के गर्भगृह में मौन बैठना, हर बार ख़ुद से बात करना, और कहना

आसमान, और कहना कोई लम्बी कथा, छाती फट जाए ऐसी कथा, सोच लेना और ख़ुश हो लेना।

दुख की बड़ी जानी-पहचानी वही कहानी होती है, सुख आता है हर बार नये रंग में। लौटना फिर परिचित रास्तों पर? सुकूनदेह है। सुख, कहते हैं अब पोसाता नहीं, उस काली बिल्ली जैसा जो हर रात दूध पीकर निकल भागती है सड़कों पर आवारागर्दी करने।

पानी के किनारे चिड़िया चहचहाती हैं कुछ देर, क्रेसेंडो में उठता ऑर्केस्ट्रा फिर नीरव शांति, फिर अन्धकार। फिर खोजना उसके मायने, फिर भर लेना अर्थ, फिर जीना तरंगित होकर, हाथ बढ़ाना फिर मुस्कुरा कर, गहरी साँस भरना, पूरा और लौट आना रौशनी में, हर बार।

भीतर एक नमी थी। छुओ तो उँगलियाँ भीग जाएँ। मैं तुमसे कहती, आज मेरे भीतर उदासी है, धीमे संगीत जैसा, जैसे भीतर कोई कुआँ हो जिसका तल न दिखता हो। और उसका पानी हथेलियों में भरो तो हाथ न दिखता हो। और बस यह कि इतना भर ही मैं ख़ुद को जानती हूँ, फिर इससे ज़्यादा तुम मुझे क्या जानोगे।

मेरे भीतर मुझसे भी बड़ी तसवीर है जिसका ओर-छोर नहीं, मीठा संगीत है, मन मोह लेने वाला, ख़ुद को मुग्ध कर देने वाला, ऐसे रंग हैं जिन्हें आँखों ने देखा नहीं, ऐसा लय है जो शरीर के भीतर भी है और बाहर भी, मेरे भीतर मैं हूँ, मैं, जो तुम देख नहीं पाते उतना मैं, जितना मैं समझ पाती हूँ उससे भी ज़्यादा मैं।

धुँधले अँधेरों में, जब कुछ न दिखता हो तब ख़ुद को देखना अच्छा लगता है।

इतनी परछाइयाँ किस बात की?
Beyond the still silhoutte

I can feel the blisters in my soul. He laughs at me, his eyes crinkling at the edges. I feel hurt, I feel abandadoned. You betrayed me, I complain. My voice is a little girls's voice. I tell him, wear always white. He says, little girl, comb your hair. I wake up disoriented and feel like a bird in flight in unknown skies. He is more with me now than he ever was. His going is coming back to me. I push away the face bathed in pain and reach for the the voice which smiles always.

किसी बात की बेकली में दिल टूटता है, सपना देखा था रात में, हरहराता-उफनता पानी और देहाती औरतें सर पर गठरी टिकाए कमर भर उफनते पानी में एक-दूसरे का हाथ पकड़ कर नदी पार करतीं। पुल इतना नीचे क्यों है? चश्मा पहने बुज़ुर्ग पीछे से पूछते आते हैं, कमरे में पिता लेटे हैं, कहते हैं, पास आओ। मेरी तरफ़ मुड़ते हैं, मुस्कुराते हैं। मैं पास आती हूँ, कहती हूँ ज़्यादा मत मुड़िये गिर जाएँगे, वह कहते हैं इस साड़ी में अच्छी लग रही हो। मैं बार-बार कहती हूँ वह भी बार-बार कहते हैं, अच्छी लग रही हो, अच्छी। मैं जानती हूँ पिता को गए साल से ज़्यादा हुआ। छोटे पीले फूलों वाली सूती साड़ी मेरे गिर्द लिपटी है। बाहर बारिश हो रही है, अँधेरा है, अन्दर रौशनी है। मेरे चेहरे पर आँसुओं की नमी है। मैं सपने से निकलना चाहती, वहाँ पिता की मुस्कुराहट का सुकून है, गर्मी है, पिता को गए कितने दिन हो गए हैं।

He held me close and smoothed my hair then kissed my forehead. I held up my face and then kissed him back smack on his lips. He laughed then held me aside, then pulled me close again and tickled my armpits. I squealed in merriment then laughed and laughed with so much joy. I was all of five.

तुमने जो देखा वह बस सपना था, हवा और पानी। याद है बचपन में ख़रीदा था उन्होंने तुम्हारे लिए गुलाबी पत्थरों वाला ब्रेसलेट। तुम्हारी याद में है और मज़े की बात कि और किसी की भी स्मृति में नहीं। तुम्हें उस झिलमिलाते पत्थर की हरी नीली आभा याद है, कलाई पर उसका स्पर्श याद है, कितना गहरा। माँ कहती है तब तुम इतनी छोटी थीं, इतनी। सिर्फ़ पाँच साल। तुम्हें कैसे याद होगा।

He spread the marmalade on the bread and fed me. He wiped my face with his fingers and said, now dream. I looked at him; my love for him shining in my eyes. The black crow sat on the sill and crowed madly. I knew he would come today. I knew for sure. In the night the pebbles hit the window glass.

काले कौवे अब कहीं नहीं दिखते। अब छत की मुँडेर नहीं होती। आसमान अब सिर्फ़ खिड़की के फ्रेम में जड़ी एक चौकोर पेंटिंग है, धूसर, फीकी और उदास। काले कौवे सब कहाँ गए? मैं पूछना चाहती हूँ पर मुझे उनकी भाषा

नहीं आती। सपने में बूढ़ा कौआ कहता है गम्भीरता से, एक रात और बीत गई। सुबह मैं डिकोड करती हूँ सपना, भाषा, समय।

His photo hung in my room. The sunlight streamed through the window and fell on the photo. He seemed to smile, at last. The kettle blew the steam in short small gasps. The aroma of tea hung in the room. It was the fragrance my mother wore. I took out the blue sari from the almirah and draped it round me.

सपने से जागना फिर एक और सपने में, ओह दिन-रात कितने सपने, इतनी परछाइयाँ, किस बात की?

छत मिलेगी? और सपना?

बाहर सन्न हवाएँ डोलती हैं, उँगलियों पर दिन निकलते हैं, रात? रात भर बात चलती है, सपनों की दुनिया दिन के उजाले की खैरात पर नहीं चलती, सफ़ेद पंखों वाले घोड़े की पीठ पर बेखटके सरपट बहती हवा के संग किसी और छोर निकल जाती हैं।

अँधेरी रात में बाँसुरी की धुन चाँद तक पहुँचती है, बेकल, बेचैन फिर धीमे-धीमे अपने में मगन थकी उतरती है, खिड़की पर रुकती है, कहती है, आओ चलो, साथ मेरे, हमदम मेरे।

ऐसी मोहब्बत का क्या करना, एक उसाँस भरती है ज़िंदगी, जिसमें दुख ही दुख हों? सुख का भी दुख? ऐसी मोहब्बत का क्या करना, भला!

बन्द आँखों पर पीले पत्ते झरते हैं, बाँहों पर चलती है तितली, नींद अपनी खोह में छुपाती-फुसफुसाती, एक बूँद शहद टपकता ज़बान पर, नींद ही नींद में मुस्कुराता सपना कहता ऐसा है अपना, सब अपना।

किसी और ज़माने में दुनिया से सतायी-भगाई औरत पहुँचती है लथपथ-बदहवास भागती, साँसों को हथेलियों में थामे, जीवन की गर्मी और आत्मा की ताप को छाती में छुपाए बचाए, पूछती है, अब कहो छत मिलेगी? और सपना?

रात के बाद

निर्मल कुहनी पर सर टिकाए दीवार का कोना देखती है। गर्मी है, उमस है,

अँधेरा है। साड़ी का पल्ला फ़र्श पर फैला है जैसे नदी बहती हो, अँधेरी रात में नीली नदी, शरीर बहता है मन बहता है। कमर पर पसीने की झुलस झाँस है। फिर भी दिल में कैसी हुमस है, ऐसे इस तरह लेट लेना, किसी के पैर के नाखून का खुरदुरापन तलवे पर महसूस करना, न छूते हुए भी।

अँधेरे में उसकी आँखें हँसती हैं, उसकी आँखों के कोये से रौशनी झरती है, चकमक जुगनू हँसी वाली रौशनी। अमिय चित लेटा बाँहों पर सर धरे धीमे से कुछ गुनगुनाता है। बिना देखे भी देख लेता है उसका हँसना।

निर्मल कहती है, 'फिर?'

अमिय छत देखता कहता है, 'फिर क्या? फिर कुछ नहीं।'

कमरा उसकी आवाज़ से अचानक भर जाता है। जैसे कभी ख़ाली नहीं था। जैसे आवाज़ की पीठ पर सवार सुख कमरे में हवा और चाँदनी की तरह पसर गया हो। वह किताबों की आलमारी, वह मेज़, वह कुर्सी, वह एक अकेला पौधा। कमरा वह नहीं था अब, जो होता था हमेशा। धीरे से हाथ बढ़ाकर निर्मल की बाँह एक बार छू लेता है। इस रात, इस बीच रात, यहाँ इस तरह लेटा आदमी अमिय कहाँ है? अमिय में ऐसी ठहरी हुई, भरी हुई ख़ुशी कहाँ होती थी? इसी समय में यह और कोई समय था, इस कमरे में कोई और कमरा।

'क्यों है न?'

निर्मल सोचती है। धीरे-से कहती है, 'जानते हो जब मैं गाना सीखती थी, तब लगता था इस आवाज़ की हवा पर सवार मैं चिड़िया हूँ, मेरी आत्मा में पंख लग गए हैं। अब लगता है अपनी आत्मा को निचोड़ कर बाहर फैला दूँ सूखने को, मेरी आवाज़ वहाँ से टँगी झर जाएगी। और मैं यहाँ, इस कमरे में तुम्हारे साथ बिना आवाज़ के, बिना आत्मा के ऐसे ही चुप, बेआवाज़ बेआत्मा दफ़न हो जाऊँगी।'

अमिय गाने के बीच में उठता है। पानी पीता है, फिर उसके पास बैठ जाता है। कहता है, सुबह में अभी बहुत समय है। उसकी आवाज़ में पूरी रात है बाक़ी, अभी।

निऽ रऽ मऽ लऽ।

कोई पुकार रहा है बहुत दूर से। पतली खिंची तार सी आवाज़ है, जैसे आवाज़ से उसका शरीर अलग हो गया हो। उस आवाज़ में धुआँ है और तकलीफ़ है। दर्द में कोई मुझे खोजता है। नींद में कमज़ोर कुनमुनाहट में अकबका कर देखती है, साड़ी गले पर लिपट गई है। शर्मिन्दगी से उठ बैठती

है। शेल्फ़ पर टिकी किताबें अकेले देखती हैं उसे। कमरे का अकेलापन गूँजता है। उसकी साँस की आवाज़ में धमक है। तानपुरे का तार टूट गया है, तबलची भाग गया और अंतरंग कथा, कहानी में तब्दील हो गई है।

उसने पलक को पँजों के शिखर पर रख कर फूँका, आँख बन्द की, और उनके बीच जितने भी शब्द थे उन्हें फूँक दिया।

अमिय कहता है, 'तुम बीच-बीच में ऐसी उदास क्यों हो जाती हो?'

निर्मल बैठ जाती है, घुटनों को बाँह में समेटे। धीरे-धीरे उसका शरीर लय में हिलता है जैसे पहाड़ा रटती लड़की। ख़ूब छलकती हँसी से उमग कर कहती है...जानते हो?

अमिय का चेहरा स्थिर हो जाता है, जैसे चेहरे के भीतर कोई रौशनी जल गई हो, भक्क से। उसकी आवाज़ के रेशे में दुलार है, कहता है...हाँ बताओ न!

तुम्हारे अन्दर एक बच्चा है न, उस बच्चे के मैं सौ ख़ून माफ़ करती हूँ।

और मेरे भीतर जो बड़ा है उसका क्या?

उससे बेइन्तहा नफ़रत...

यह कहते निर्मल की आवाज़ सपाट हो जाती है।

अमिय बेपरवाह गुनगुनाता है, तुम जो मिल गए हो तो जहाँ मिल गया है।

फिर मुस्कुरा कर कहता है...रात अभी भी...

निर्मल कहती है, बाक़ी है...

गाढ़े अँधेरे में उनकी गाढ़ी हँसी का नृत्य डोलता है।

अँधेरे में अकेले

एक बग़ीचा था। धूप से भरा। एक कमरा भी था जिसकी दीवारें नहीं थीं। बग़ीचे की नीली छत थी। कमरे में हरियाली थी। औरत सोचती थी यही जन्नत है, भीतर बाहर। ऐसा सोच कर उसे बेतरह ख़ुशी मिलती थी। और इतना कहते ही एक अकेली चिड़िया आसमान में एक तीखे उड़ान में निकल पड़ती थी।

भागते हुए रेल की खिड़की से टिका उसका बदन हिलता था लय में। दूर देश है जाना, मेरी जान, दूर देश। खुले दरवाज़े से लगे, टोकरी पैरों के पास समेटे उस देहाती औरत का तीखा चेहरा किसी इजिप्शियन रानी जैसा है, वही ठसक भरा लालित्य। लेकिन यहाँ कैसे। औरत बीड़ी सुलगाती, उठते धुएँ के पार थिर आँखों से देखती है। फिर आँख से आँख लड़ाए मुस्कुराती है। मुस्कुराती है?

जब तक मुस्कान का सिरा पकड़ में आए, मुस्कान समझ में आए, रेल ग़ायब हो जाती है। तेज़ हवा से आँखों में आँसू भर जाते हैं। बिना छत के बैठना, बिना दीवार के टेक कर बैठना, कितना बेसहारा। अँधेरे में अकेले, कितना अकेले।

समूची दुनिया कितनी ग़लत है।

या तुम ग़लत हो।

उसकी आवाज़ में कितनी हँसी है, हँसी का सुख है। वह ठहर कर अचरज से देखता है, हाथ आगे बढ़ाता है—

'छूँ लूँ, पकड़ लूँ?'

'क्या?'

पूरी गम्भीरता से कहता है, 'वही सुख। जो तुम्हारे हँसने में है।'

'तुम कुछ-कुछ पागल हो।'

'मैं कुछ-कुछ होशमन्द हूँ।'

वो धीमे से आँखें बन्द करती है, कुछ सोचती है, फिर अपना चेहरा आगे बढ़ाती है,

'लो।'

आदमी उदास हो जाता है, बहुत उदास। सब तरफ़ अँधेरा छा गया हो जैसे। फिर भी हिम्मत कर औरत को चूमता है, पहले उसके माथे को फिर होंठों को। फिर हकबका कर उसके होंठों को बार-बार चूमता है, हँसी का सुख कहीं नहीं मिलता। गाढ़ा काला दुख हरहरा कर भरता है। धीमे से फुसफुसा कर कहता है, 'ओह! इतना दुख।'

औरत कहती है, 'कितना अँधेरा है और तुम जाने क्या-क्या सोचते हो।' फिर कहती है, 'हमसफ़र?'

...

चिड़िया गोल चक्कर काटती लौटती है, पूछती है, यही है दुनिया? बस इतनी सी? कैसे मायाजाल में मुझे फँसा रखा था अब तक।

क्या बग़ीचा और कौन कमरा? किधर को जाती कैसी रेल?

ख़ुश होना इतनी बड़ी बात है क्या?

To take a photograph is to align the head, the eye and the heart. It's a way of life.

—Bresson

वह सपने में हमेशा मुस्कुराते दिखते हैं। तसवीरों में नहीं।

अच्छी तसवीर लेना उम्दा ज़िन्दगी जीने जैसा है दिल–दिमाग़ और आँख सब एक सुर में..। वो सपने में ऐसे ही दिखते हैं। हँसते हुए भी नहीं, उदास भी नहीं और थोड़ा गहरे सोचने पर, शायद मुस्कुराते हुए भी नहीं...

कुछ–कुछ ऐसे जिनकी जड़ें ज़मीन में गहरी गई हों और टहनियाँ आसमान तक। कुछ खुरदुरे, रूखे, सख़्त दरख़्त, फिर भी कहीं सेमल से हलके जो उनको जाने कहाँ–कहाँ उठा देता है, किस आसमान तक। उनकी ली हुई तसवीरों को देखती हूँ। कुछ उजाले और अन्धकार के खेल हैं, आँखों में किसी नम उदासी को पकड़ लेने के पल हैं, वीरानी है, भयानक उदासी है, ख़ुशी के क्षणों में भी चीरने वाली उदासी, रौशनी के आगे सिलूएट...छाया।

सपने में भी मद्धिम सुर में संगीत बजता है। मार्था अर्गरीच शुबर्ट बजाती हैं। वह कहते हैं मुझे समझ नहीं शुबर्ट की। मैं हँसती हूँ, मुझे भी समझ नहीं फिर बहुत उदास होती हूँ, बहुत। कितनी चीज़ें रह जाएँगी बिना समझ के ? इस एक ज़िन्दगी में।

मैं ज़िद करती हूँ, 'मेरी एक भी तसवीर क्यों नहीं ली ?'

'इसलिए कि तुम्हारे दिल और दिमाग़ के बीच गहरी खाई है।'

मैं कहती हूँ, 'ठीक है,' और सपने से बाहर निकल आती हूँ।

वह सपने में हमेशा मुस्कुराते दिखते हैं। तसवीरों में नहीं।

मैं खुली नर्म घास पर चित्त लेटकर आसमान देखना चाहती हूँ। बड़ी चीज़ें छूट जाएँगी। छोटी चीज़ें पकड़ लेना चाहती हूँ। सचमुच भी, सचमुच भी। ख़ुश होना इतनी बड़ी बात है क्या ?

गली के पीछे

कौन सा पुराना बाजा बजता है, पता नहीं पर रात बीतते नस पर चढ़ता है दर्द, और कोई धीमे से पूछता है, 'डर तो नहीं लग रहा ?' तिरती ख़ामोशी में ख़ुद की साँस का शोर बेशर्म बेढबपने में छूटता–गिरता है। एक सुबुक सिसकी दम तोड़ती है, हँसी फुसफुसाती है दबी शैतानी में और पीछे से कोई बुदबुदाता है, कितना सताया तुमने, ऐसे ही बिलावजह? आवाज़ में शिकायत नहीं दमतोड़ उदासी है जैसे शाम का चुक जाना। किस पागलपने में मन बिफरता है, क्यों शाम का चुक जाना ऐसा नियत हो ? क्यों क्यों ? किसी खाई के मुहाने पर खड़े

नीचे गिरने के डर का नशा? आख़िर किस बात का मोह? बेकली एक तार खींचती है, एक सर्द आह पर मन बिखरता है, कोई हिचकी कोई याद करता है भला?

किसी पहचानी आवाज़ की खनक दिखा जाती है एक बार, वही समय, वही दुलार। दिल अब भी धड़कता है मेरी जान, अब भी...

उस बन्द गली के बाद एक गली और है, एक सड़क और, और मैं हूँ और शायद तुम भी हो।

उँगलियों के पोरों पर साँसों को सजाए, बेचैन लड़खड़ाहट में थमते-थामते हम चलते हैं साथ शायद सिर्फ़ मेरी ही स्मृति में। करवटों की कराह पर चाक होते दिल का चूर-चूर होना कौन देखता है।

नदी का पानी तब भी बहता था, अब भी...आश्चर्य!

दोस्त को दिल का हाल कहते देखते हो तुम, एक बार फिर तुम्हारी आवाज़ की उदासी छूती है जबकि तुम कहते हो वे दिन ख़त्म हुए अब। ख़त्म! तुम हँसते हो अजीब सी बेमन-सी हँसी फिर दोहराते हो...ख़त्म-ख़त्म। दोस्त देखता है ख़त्म होते दिन की रंगत कैसी फीकी होती है, जान निचुड़ जाने जैसी, छूटती हिचकी के अन्तिम उठान की तरह...बदहवास, बाहवास!

लमोरे के

कैसी आवाज़ थी? जैसे किसी तूफ़ान में समन्दर हरहराता हो, जैसे रेत का बवंडर गले से उठता था। उसमें पत्थरों की खराश थी, नमी थी एक खुरदुरापन था। रात में खुले में चित्त लेटे तारों को देखना था और किसी ऐसे ज़मीन के टुकड़े पर पाँव रखना था जो इस दुनिया का नहीं था। जैसे छाती में कोई तार अटका कर खींच ले गया हो, वहाँ जहाँ अँधेरे में छिटपुट जुगनू सी रौशनी थी, फ़ुसफ़ुसाहटों की दुनिया थी और बहुत कुछ था, न समझने वाला बहुत कुछ। शायद उस बच्चे की भौचक रुलाई सा जिसे यह नहीं पता कि उस बड़े ने क्यों उसे एक थप्पड़ मार दिया। सपने की रुलाई, गालों पर नमी छू जाती है। सपने और हक़ीक़त के कैसे तकलीफ़देह झूलों पर झुलाती, उसकी आवाज़। बीहड़ गुफा में अँधेरे को छूती आवाज़ जिसके सुरों पर...किसी एक टिम्बर पर रौशनी की चमकती किरण सवार हो, आँखों में चमक गया धूप का टुकड़ा, आवाज़, जिसके सब रेशे बिखरते हों...

उसकी आवाज़ ऐसी ही थी, रात के फुसफुसाहटों की आवाज़, जंगल में पेड़ के पत्तों के सरसराने की आवाज़, आग में लकड़ियों के चटकने की आवाज़, मुझे मार देने वाली आवाज़।

मुझे कभी प्यार नहीं हुआ। मर जाने वाला प्यार। उस न होने वाले प्यार के सोग में मैं इश्क वाले गाने सुनती हूँ और कल्पना में जीती हूँ कि अगर प्यार हुआ होता तो ऐसा ही होता, रुखड़ा, टेढ़ा, आड़ा-तिरछा, बाँका, पागल, अस्त-व्यस्त, शायद। हवा के झोंके से झिलमिलाता फिर भी न बुझने वाला प्यार। पर प्यार नहीं हुआ इसलिए मैं इस शब्द को हथेलियों में भरकर पानी पर तैरा देती हूँ, कोई मछली गप्प से गड़क जाती है।

मैं उदास, बहुत उदास होती हूँ पर अच्छा हुआ नहीं तो 'लमोरे के' सुनकर शायद मैं पागल हो जाती। सचमुच।

मैं तुम्हारे लिए गुमनाम सड़कों पर बसों से उतरता अकॉर्डियन बजाता रहता हूँ...

तुमने कहा था—मैं तुम्हारे लिए गुमनाम सड़कों पर बसों से उतरता अकॉर्डियन बजाता रहता हूँ...ढेर सारी सूखी पत्तियाँ फिर भी झरती रहती हैं। बचपन में देखे पोस्टकाड्‌र्स में पीले और सुर्ख पत्तों से भरे बाग के नीचे एक अकेली बेंच। कुछ-कुछ उस फ़ेल्ट लगाए दढ़ियल बूढ़े का हलके नशे में बेहद नरम उदासी से बार-बार मेर्सी कहना, किसी फिल्म का अटका कोई दृश्य। मुझे कई बार लगता है कि मैं कोई सोख्ता हूँ और सब एहसास एक-एक करके मुझमें जज़्ब होते रहते हैं। मोटी किताबों की कहानियाँ जो भीतरी तह तक रिस कर कहीं लुकछिपी बैठी रहती हैं और त्वचा से साँस लेती ज़िंदा रहती हैं और कभी भी, जानते हो, के साथ बाहर उचक कर आ जाती हैं।

मैं तुम्हें कहानी सुनाना चाहती हूँ, तमाम कहानियाँ जो मैंने अब तक देखी-पढ़ी हैं, और सारे नये शब्द जो मेरी जुबान पर आ कर चिपक जाते हैं, जैसे कल मैंने पढ़ा...नदामत...शर्मिंदगी। और याद करती रही कि इस शब्द को और कब-कब बिना अर्थ जाने पढ़ा है और कितनी बार तुम्हें नहीं बताया है या फिर कितनी बार यह कहकर, सुनो तुम्हें एक बात बतानी थी पर अब भूल गई हूँ कहकर सचमुच भूल गई हूँ।

या यह कि मैं बकलावा बनाना सीखना चाहती हूँ और तुम मुझे मोरक्को ले जाओगे? अकॉर्डियन की धुन वहीं सुन लेंगे और वहीं से निकल पड़ेंगे किसी और देश। या फिर यह कि आज नहीं करनी कोई राजनीतिक बहस या आर्थिक मन्दी पर सर नहीं फोड़ना। यह सब मैंने औरों के साथ कर लिया है, और यह कि परसों, मैं दिनभर किसी कम्पनी के बैलेंस शीट को एनलाइज़ करती रही और अब दुखते कन्धे और भारी सर लिए कहीं शब्दों की यात्रा पर निकल पड़ना चाहती हूँ, कि कल मैं सारे दोपहर ऐनी आपा को पढ़ती रही और उदास होती रही कि कभी मिली क्यों नहीं, क्या इसलिए कि मेरी भीतरी औरत उनके बाहरी और भीतरी औरत जैसी है, हूबहू वैसी और इस नाते मैं उनसे जुड़ी हूँ, समय, उम्र के परे, मौत के भी परे। कि उनके शब्द मेरे अन्दर एक दुनिया रच देते हैं शायद बिलकुल वैसी दुनिया जैसी उन्होंने देखी थी और मैं देखती हूँ उनके शब्दों से, या उसके परे भी जैसे हर साँस के बाद एक और साँस ज़्यादा भीतर आए, जैसे मैंने बिना देखे भी देख लिया और बिना छुए भी छू लिया। या यह कि, जानते हो कल मैं एक उदास सुखी कर देने वाले सफ़र पर थी...पाकिस्तान, सिंध, कोलंबो और उससे भी ज़्यादा...किसी के भीतर की यात्रा, उसे उसके शब्दों के ज़रिये जानने की दिल तोड़ देने वाले अनुभव, कि देखो अब तक जैसे कुछ जाना ही न था, जैसे परदा अचानक उठ गया हो और धूप खिल गई हो। ख़ूब-ख़ूब उदास चेहरे पर हँसी की आभा देखी है तुमने? रक्त मांस-मज्जा के भीतर छूकर देखा है तुमने? किसी की दुनिया कितनी वाइब्रेंट हो सकती है इसका अंदाज़ा है तुम्हें?

मैं भी बजाना चाहती हूँ अकॉर्डियन या फिर कोई सा भी सितार। डूब जाना चाहती हूँ फिर हँसना भी चाहती हूँ। तुम भी जानते हो न कैसी बेचैनियों भरी उदासी में भी कैसे कोई गहरा कुआँ खिल जाता है, मीठे पानी का सोता फूट पड़ता है। उसी उदासी के साए में कैसी अमीर ख़ुशी कौंध पड़ती है। आई फ़ील रिच। ऐसी अमीरी...जानते हो न तुम।

तुम कहते हो संजीदगी से—मैं तुम्हारे लिए गुमनाम सड़कों पर बसों से उतरता अकॉर्डियन बजाता रहता हूँ...

धूप के खेत में...काश काश काश!

अकॉर्डियन पर कोई धुन बजाता है, घूम जाता है, पुराने चिरमिखी बटुए से सोने

की धूल छिटक पड़ती है, दिन बीतता है रात आती है, कुहासे में कोई महीन चीख कौंधती है, गुम होता है मन, छाती डूब–डूब डूबती है, पूरे भरे तालाब में जैसे एक, सिर्फ़ एक कमल का फूल, गुम जाता है धुँध में, पानी से उठता है जाने क्या ?

चेहरे पर गर्म भाप की नमी का सुकून है, बेचैन दिल की राहत है, ठहरा हुआ मन तैरता है काग़ज़ की नाव सा डोलता है, उबडुब...सपने की उड़ान में मुस्कुराता है, जी कहीं ठौर नहीं लगता ? ऐसा क्यों है भला का भोला प्रश्न हवा में टंगा है ? दीवार की कील सा, अकेला, खुला, अनुत्तरित...

भीतर इतना शोर है, बाहर कैसी अबूझ शांति। कोहरे के पार हाथोहाथ न सूझता संसार है, पीली कमज़ोर रौशनी है, मुँह से निकली, बात की जगह, भाप का गोला है, गर्म है नर्म है, चाँदी की महीन दीवार है। मन की टेढ़ी–मेढ़ी पगडंडियों के ठीक उलट कितना साफ, कितना फीका...यह कैसा सरल संसार है। गज़ब !

ऐसा संसार जहाँ ख़ुशी चहकती हो चिड़िया की चोंच से, धूप उतरती हो गर्माहट में, पीठ से, कँधों से, मन के भीतर, अंजोर फैलता हो आत्मा में, किसी बच्चे की खिलखिल हँसी–सी तृप्ति में, चित्त लेटे धरती पर देखें आसमान को, नीले आसमान में फाहे आवारा बादल को और घर लौटने की जल्दी न हो, दिन बीतने की जल्दी न हो, धूप आँख को लगे तो बाँह रख लें चेहरे पर ओट में...ऐसी दुनिया ऐसी ही दुनिया...

बाघ की आँख

बाघ की आँख एक बार घूम जाती है अन्दर।

—यहाँ हँसना मना है, उसकी आवाज़ में संजीदगी है।

—पर मुझसे हँसे बिना रहा जाता नहीं।

—देन आय एम सॉरी।

गर्म पानी के कुंड में घुसते ही कोई बर्फ़बारी कर दे, दूर खच्चरों की क़तार बोझ से दबे, सर झुकाए, पहाड़ों के साए में चलती जाती है, बिना हरी घास के, उनके आभास के, यहाँ तक कि बिना उसकी आकांक्षा के...

—मुझे ऐसे ही तुम बदल देना चाहते हो ?

आज मैंने पहनी है फूलों वाली रंगीन साड़ी, इतने फूल कि हर कोई आ

कर कह जाता है—

आज धूप खिली है, तितलियों का मौसम है शायद...

बाहर जबकि कुहासा है और मैं तुमसे कुछ नहीं बोलना चाहती। जैसे हाईबरनेशन की कोई प्रक्रिया शुरू हो गई है। हालाँकि अमूमन सर्दियों में मैं बहुत अच्छा महसूस करती हूँ, बरसों से। लगता है जैसे जीवन की शुरुआत ही हुई है अभी, सफ़र पूरा बाक़ी है और रास्ते के सब अजूबे बाक़ी हैं देखने को अभी।

गहरे कोहरे में, रात को गाड़ी चलाते, फॉगलाईट की रौशनी टकरा कर वापस विंडस्क्रीन तक लौट आती है और हज़ार छोटे कणों में छिटक जाती है। गाड़ी सड़क के किनारे खड़ी कर मैं साफ़ करती हूँ शीशा और किसी धुन में बना देती हूँ एक चेहरा, उसकी उठी भौंहों में जाने किस कौतुक का राज़ है। पानी और भाप की बूँदे मिलकर चेहरे को गड्डमड्ड कर देती हैं, बनते-बनाते मिटा देती हैं। सड़क के किनारे रद्दी काग़ज़ और कूट जलाते दो लोग लोई ओढ़े आग तापते देखते हैं मुझे। मेट्रो का काम चल रहा है। कुहासा थमे तो फिर शुरू होगा, वेल्डिंग से निकली चिनगारियाँ धूल में गिरकर विलीन होंगी, एक पल की नीली गर्मी का संकेत।

पर सर्दी इनको पसन्द नहीं करती जैसे ये नहीं करते होंगे। गर्म कपड़े और साबुत घर जो रोक सके तेज़ बरछी ठंडी हवा को, हड्डियाँ जमती होंगी, बच्चों की नाक बहती होंगी, पैरों-हाथों की उँगलियाँ अकड़ती होंगी। हमेशा ठिठुरता शरीर किधर खोजता होगा गर्मी ?

मौसम की पसन्द भी स्थिति पर निर्भर करती है। यह बात अचानक मेरे दिमाग़ में धँसती मुझे ऐसा त्रास देती है। जो सहूलियतें सहज स्वाभाविक तरीक़े से मयस्सर होनी चाहिए वे कहाँ और क्यों ग़ायब हो जाती हैं ?

तुम कुछ नहीं समझोगे। सिर्फ़ कहोगे, हँसना मना है और मैं कहूँगी, सुनो ये बाघ की आँख दिखती है तुम्हें ? मुझे दिखती है, क्यों दिखती है ?

फिर एक दरवाज़ा

बचपन से उस दरवाज़े को देखते आए थे...कभी जागे में कभी सपने में। शीशे पर नीले, पीले, धानी रंगों के चौकोर बक्से जिनसे रंग बहकर एक-दूसरे में समा जाते, लगता जैसे समन्दर भीतर बह रहा हो। तब सोचा करते कि घर होगा

तो इसकी सब दीवारें रंगों से भरी होंगी, सब दरवाज़ों से दूसरे कमरे की बजाय दूसरी दुनिया का रास्ता होगा। कि सिर्फ़ उँगली से छूने भर से दीवारें रंगों से पिघल कर पेड़-पौधे, जानवर, दरिया, पर्वत, आँख...जाने क्या-क्या में बदल जाएँगी। फिर वह दरवाज़ा बदल गया। बदल गया उस काठ के गाँठों भरे, खुरदुरे, रुखड़े, फटे फट्टों से भरे दरवाज़े में, जो खड़ा है किसी पुराने बरगद की तरह, ठीक घर से बाहर, कोई सरपरस्त।

उसकी मोटी साँकल लगाकर अन्दर किसी आँधी-तूफ़ान के गुज़र जाने का सुरक्षित इंतज़ार किया जा सकता था। लेकिन किसी समुद्री जहाज़ पर पागलपन की धुन में, बिना आगा-पीछा सोचे किसी नशे की बहक में निकल जाने को नहीं उकसाता। मेरा दरवाज़ा मज़बूत था, पागल सनकी नहीं था। सनक मुट्ठी में बन्द एक पैसे का सिक्का था, जो अब चलता नहीं था।

फिर एक दिन एक सपना आया और बार-बार आया। सुबह उस सपने को मैं मुट्ठी में बन्द करती। रात तक उँगलियाँ लाख कोशिश के बावजूद खुल जातीं और सपना उन खुली उँगलियों से बह जाता। फिर उस बहे हुए सपने ने अपना खेल शुरू किया। हर दिन उनका यों बह जाना थोड़ा-थोड़ा टलता रहा...इतना कि एक दिन फिर एक पूरी रात उसे लगी बह जाने में। उस रात के बाद की सुबह में उसने रंग उठाए और एक दीवार रंगनी शुरू की। दीवार पर सबसे पहले उसने एक दरवाज़ा बनाया...

उस एक दरवाज़े में
कई-कई दरवाज़ों का
खुलना
तय था
जैसे
जीवन भर
जीना तय था।

यादें खोल में बन्द कछुआ हैं

उस वक़्त रात भी ठीक से नहीं थी। कोई समय था दिन और रात के बीच-बीच का अनक्लेम्ड हिस्सा...बेरंग और अकेला और कैसी पागलपने सी चाह हो रही थी कि बस तुरन्त रात घिर आए। और ऐसे में जब सब इंन्द्रियाँ इंतज़ार

में चौकन्नी बैठी थीं, उस वक़्त थोड़े से बसियाए आलू के परांठे जिसके कोने नमी से सफ़ेद हो जाते हैं, भिंडी के भुजिये और आम के अचार की ऐसी तेज़ भभक उड़ी कि मन एकदम बौरा गया। किसी सफ़र में, ट्रेन में, पीली बत्ती की गर्माई रौशनी में...कोई साथ के बर्थ पर बैठा जोड़ा अपने खाने का टिफिन निकालता...सलीके से स्टील के गोल-गोल चार डब्बों से पूड़ी, आलू की सूखी तरकारी, लाल मिर्च का भरवां अचार और बूंदी का लड्डू ऐसे भूख की मरोड़ उठाता कि अपने बेसलीक़े से पैक किया गया खाना हड़बड़ाहट में बेशऊरी से निकलता...अख़बार में लपेटा खाना। भुजिये से तेल की परत पूरे अख़बार को पीला तेलाइन कर चुकी होती, इतना कि रूमाल निकाल कर पैकेट खोलते हाथ पोंछना पड़ता...अख़बार खोल लेने पर चार बड़े मोटे, आलू से ठसाठस भरे परांठे के बिस्तर पर महीन कटे भिंडी के भुजिये की जान मारू सुगंध...और ठीक एक कोने में सौंफ झलकाता मोटे फाँक का आम का अचार। पूरा कम्पार्टमेंट ऐसे मनोयोग और तल्लीनता से सर झुका कौर गटकता जैसे इसी हरेक कौर में प्राण बसे हों, जैसे सारी इन्द्रियाँ एकत्रित हो गई हों बस स्वाद को अनुभव करने के लिए।

दूसरी साँस ली और महक ग़ायब। उफ़्फ़! करवट ली, साँस ली और एक बार फिर वही सुगंध।

सुनो, तुम्हें बताना चाहती हूँ, पूछना चाहती हूँ, आती है तुम्हें भी ख़ुशबू...उस बीते बचपन की, उस बीते समय की, लौकी के बचके और साग के पत्ते की पकौड़ी की, मुँगौड़ी और बैगन बड़ी की, मूली के पत्ते के साग की, तिल तिलौड़ी की, गरम-गरम भात और राहड़ के दाल पर माँ का कलछुल में ताज़ा करकराया शुद्ध घी ऊपर से गिराने की, लौंगलता और खाजा की, धूप में बैठ मूँगफली टूँगने की, कोयले के चूल्हे के उठते भरते धुएँ की, किसी बीती स्मृति में बूढ़ी नानी के हुक्के की, मसहरी के भीतर घुस कर चन्द्रकांता और भूतनाथ पढ़ने की, बारिश के दिनों में सीले कपड़ों की महक और छुअन के बीच कुर्सी पर गोलमोल कज़ाक और नाना पढ़ने की...

धीरे-धीरे स्मृतियों की महक भारी होने लगती है...वे दिन सब विलुप्त हुए...शायद कहीं किसी गाँव क़स्बे में बचे हों...शायद या क्या पता वहाँ भी आलू के परांठे की जगह पैटीज़ और पफ्स की सुगंध उड़ती हो। हमारे जीवन से ऐसी सब चीज़ें अब सिर्फ़ स्मृतियों में शेष हों, कि हमारे बच्चे भौचक आँखों से ऐसे क़िस्से सुनते अचानक उकता कर खेलने भाग जाएँ, कि उनके बच्चे ऐसे शब्दों, ऐसी ख़ुशबू, ऐसे कोमल महीन एहसास को बाहरी तौर पर भी न

समझ पाएँ...एक पूरी दुनिया, एक पूरा समय विलुप्त हुआ, अपने साथ-साथ चलता किसी कछुए की खोल सा...अब था...अब नहीं... !

ऐसी बेकार तकलीफ़ की चादर ओढ़े मैं इंतज़ार करती हूँ रात का...टीवी पर 'लिटल वोमन' देख रही हूँ और याद कर रही हूँ कि जब पहली बार पढ़ा था बचपन में तब उन मार्च बहनों की कहानी पढ़कर कैसी धूप धुली उदासी और ख़ुशी मिली थी...फिर सोचती हूँ...यादें भी एक क़िस्म का ट्रैप हैं, टखने में पड़ी बेड़ी हैं, उन बेड़ियों की स्मृति हैं, रगड़ खाती हैं हर वक़्त...चोट देती हैं हर वक़्त। फिर भक्क से रात के अँधेरे में धूप का जगमगाता टुकड़ा भी जला देती हैं कई बार। कई-कई बार।

सचमुच-सचमुच!

भोर के धुँधलाए कुहासे में आशाएँ उमगती हैं...उँगलियाँ अकुलाती हैं, पत्तों सी काँपती सिहरती खिलती हैं। दिन मुँह बाए खड़ा हँसता है...आओ संग-संग खेलें, खिलता है खेल किसी सुलगते फूल-सा, धधकता है दिन, सर के ऊपर दहकता है कुछ होने को बेचैन...कहाँ थिरता है मन, रस गन्ध में क्यों डूबता है मन?

गुनते-गिनते बीतता है, बीत चुके तूफ़ान सा, चक्रवात के बीच-सा, छूटता है...छूटता है कोई, मिलता है कोई किसी बेहतरीन संगीत-सा...

सुबह की न्यारी संगतों के बीच सचमुच-सचमुच!

द रेन सॉन्ग

उसकी आवाज़ फुसफुसाती आ रही थी। मैंने पूछा था, 'क्या? फिर से बताना।'

'रेन', उसने दोहराया, 'रेन', फिर बच्चों को समझाते हैं जैसे आवाज़ में कहा, आर ए आई एन...रेन बारिश।

उसने इंसिस्ट किया, 'नहीं रेन' पर इस बार आवाज़ में एक छिपी हँसी थी।

अँधेरा था और बाहर बारिश गिर रही थी। और यह लड़की मुझे पागल कर रही थी। दुनिया के किस छोर में बैठी मुझे पागल कर रही थी।

'तुम हो?' उसकी आवाज़ तैरती आ रही थी नीले अँधेरे में। मुझे लगा छू

लूँ उसकी आवाज़ को, हाथों से सहला लूँ फिर गप्प से मुँह में भर लूँ। उसकी आवाज़ फिर अन्दर गूँजे और हरेक टिम्बर में उसको पहचान लूँ।

मैं कुछ जवाब देता उसके पहले फ़ोन डिसकनेक्ट हो गया।

अँधेरे में अँधेरे को देखते मैं सोचता हूँ क्या किसी का नाम रेन हो सकता है? बाहर अब भी बारिश हो रही है। अकेले में ये राँग नम्बर कोई नियति का फेंका हुआ पासा है शायद। सिगरेट की जलती हुई टोंटी से उठता धुआँ, मेरे जीभ पर उसकी आवाज़ का धुआँ-धुआँ स्वाद है।

उसकी आवाज़ टूटी-टूटी सी खराशदार है, जैसे टोबैको मेरी जीभ पर, जैसे बचपन में देखी व्यूमास्टर पर जैंजीबार (और जैंजीबार कहते ही मेरे शरीर में एक सिहरन होती है और मैं इस शब्द को बार-बार दोहराता हूँ) का एक दृश्य गाँव का, उस आदमी का जो नीचे बिछी मिर्चों को या फिर शायद कॉफी बींस को, अब याद नहीं, हाथ से फैलाता मगन है। पीछे घर के बगल में छाया में टिकी साइकिल जो शायद साइकिल ही नहीं थी, बस कल्पना में साइकिल थी, ऐसी उसकी आवाज़ थी, शायद सिर्फ़ कल्पना में।

रात के अँधेरे में मैं पुकारता हूँ ज़ोर से, रेन! रेन!

फिर अपनी आवाज़ को थामता हूँ और स्वाद लेकर कहता हूँ, रेन।

तीन बार और कहूँगा तो घंटी बजेगी और उसकी आवाज़ धीमे से फुसफुसा कर कहेगी, तुम हो?

तीन बार कहने पर भी फ़ोन नहीं बजता। मैं नींद में खर्राटे भरता सपने देखता हूँ फिर बारिश की। फिर हड़बड़ा कर आधी रात में उठ बैठता हूँ। पता नहीं क्यों, पर मुझे फे वॉन्ग की याद आती है। शायद सब एक सपना है।

मैं किसी आवाज़ को थाम कर रेगिस्तान पार कर जाना चाहता हूँ। उस आवाज़ में माँ की आवाज़ की प्रतिध्वनि है, किसी मैदान में खेलते दूर से अचानक हवा में माँ की आवाज़ तिरती आती थी, धीमी बुलाती हुई, जिसमें घर की गर्मी होती थी, चूल्हे के पास ताज़ा सिंकती रोटी पर गर्म चुपड़े घी की महक होती थी, माँ के पसीने और टैल्कम पाउडर की मिली-जुली प्यारी ख़ुशबू होती थी और कैसे मैं अचानक अधीर खेल बीच में छोड़ कर भाग आता, पीछे दोस्तों की सम्मिलित गुहार दरवाज़े तक मेरे साथ आती, साथ हाँफते-दौड़ते। दरवाज़े के अन्दर आते ही सब झटक देता। अन्दर के पीली नहाई रौशनी में माँ मुड़कर देखतीं, मुस्कुरातीं, इशारा करतीं, हाथ-मुँह धो आने के लिए कहतीं, फिर आँख मूंद कर तानपुरा सम्भालतीं।

रात के अँधेरे में तानपुरे की टुनटुन सुनाई देती है। माँ को गए कितना

अरसा हुआ। हलके नीले छोटे फूलों वाले खोल से मढ़ा तानपुरा अब भी घर पर माँ के कमरे में सजा है। कई बार वहाँ होने पर, जब माँ की कमी महसूस होती है, मैं तानपुरे के तार पर उँगलियाँ चलाता हूँ, जैसे बचपन में माँ रहम खा कर कभी मुझे गोद में बिठाकर तानपुरा बजवा लेतीं, या कभी सिलाई मशीन की हैंडल चलवा लेतीं। जैंज़ीबार वाला व्यूमास्टर अगली बार जब घर जाऊँगा, खोजूँगा पर तब तक कॉफी बींस आदमी को मैं बख़ूबी देख सकता हूँ। उस फे वॉन्ग लड़की को भी जिसका पक्का शर्तिया नाम रेन नहीं है।

मैं अँधेरे को देखता फ़ोन की घंटी का इंतज़ार करता हूँ।

इस दुनिया में कुछ भी वर्जित नहीं

मैं नींद में अचकचाकर बुदबुदाती हूँ कुछ अस्फुट शब्द जो चेतन नहीं हैं, उन अचेतन शब्दों की धरती इसी जागी-सोई दुनिया के बीच की कोई खोयी दुनिया है, दो साँस के बीच का समतल पठार जहाँ पलती हैं इच्छाएँ वो जो कहीं नहीं जातीं, जनमती हैं उसी पल और फिर लटकी रहती हैं हवा में उल्टे।

चाँदनी रात में दो लोग देखते हैं आसमान, हाथ साथ बढ़ाकर लोकते हैं इच्छाएँ, अन्दर फिर खिलता नहीं क्यों कोई फूल? होते हैं हैरान, कहते हैं, अब हम बच्चे तो नहीं कि फ़र्क़ न कर पाएँ मिलने और चाहने के बीच।

बैलून ग्लास में पीते हैं फेनी समझ कर कोई महंगी शराब उसी अदा से जैसे देखी थी कभी किसी पुरानी अंग्रेज़ी फिल्म में, पीते हुए मद्धिम संगीत के साथ कुछ घूँट, बेहद मादक, जीते हैं किसी बिलकुल गैरज़रूरी इच्छा को ऐसे और ऐसे।

और रख देते हैं ताक पर लपेटकर लाल गठरी में महफ़ूज़ उन ख़तरनाक इच्छाओं को जो लटकी हैं उल्टी उस दुनिया में, जिनका अस्तित्व नहीं है इस दुनिया में। पर जिसकी गँध तिरती है यहाँ-यहाँ और यहाँ...तुम हँसकर बढ़ाते हो ग्लास और कहते हो...अब, इस दुनिया में कुछ भी वर्जित नहीं।

चिलकती धूप में

मैं चिलकती धूप में और तड़तड़ाते माइग्रेन के नशे में तुम्हारी क़मीज़ के पॉकेट में ख़ुद को नहीं भर पाने की स्थिति में कुछ और भर रही थी, ख़ुद को झुठला

रही थी, फिर भी बार-बार फ़रेब खा रही थी। तुम किसी ग़ुस्से के झोंक में औंधाए पड़े थे, आईने में ख़ुद को देखते खड़े थे। तुम्हें मनाना था लेकिन हर बार की तरह थक-हारकर मैं मना रही थी, लाचारी में ख़ुद को गला रही थी, अपनी तकलीफ़ का हार बना रही थी। तुम्हारे तने रहने में कहीं ख़ुद को छोटा बना रही थी। भीड़ का हिस्सा होते हुए भी भीड़ से अलग खड़ी थी, देखती थी तुम्हें धीरे-धीरे भीड़ में गुम होते और तुम इतना तक नहीं देखते कि मैं अब भी भीड़ से अलग तुम्हें देखते खड़ी हूँ...

मैं चाहती हूँ गुम हो जाऊँ, आसमान-ज़मीन में खो जाऊँ, सोचती हूँ कहूँ हद है ऐसी नाराज़गी? फ़ोन उठाऊँ और तुम्हारी नाराज़गी पर नाराज़ होऊँ, फिर याद आता है, कुछ याद आता है और बढ़ा हाथ खिंच जाता है। मैं चाहती हूँ ऐसे गुम हो जाऊँ कि तुम खोजो फिर खोजते रहो। मैं चाहती हूँ तुम्हारी खोज तक गुम रहूँ। पर तुम्हारी खोज कब शुरू होगी ये पूछना चाहती हूँ। मैं चाहती हूँ...कितना कुछ तो चाहती हूँ। फिर मैं फ़ोन उठाती हूँ...गुम हो जाने और खोजने के अन्तराल में अब भी बहुत फ़ासला दिखता है...

किसी वक़्त रात के नशे में कोई आवाज़ बोलती है। कहीं बारिश होती है। यहाँ सिर्फ़ गर्म हवा चलती है। जब बारिश होती है तब भी कुछ भीगता नहीं क्योंकि गर्म हवा चलती है। रात में भी धूप चिलकती है। किसी दरवाज़े के बाहर कोई कब तक रहे, कब तक?

कल पढ़ा था साईनाथ का एक चैप्टर, एक इस्ताम्बुल का और ब्रोदेल के कुछ पन्ने, किसी से चर्चा की थी पन्द्रहवीं से अठारवीं सदी में यूरोप की और उसने कहा था आठवीं सदी का भारत, और चर्चा की थी रोमिला थापर और कुछ देर योग साधना की, फिर देखी थी रात में एक्स्ट्रा टेरेस्ट्रियल्स पर एक फिल्म, शायद एम नाइट श्यामलन की और खोजती रही कोई इंडियन कनेक्शन। और इन सब के पीछे घूमती रही थी सिर्फ़ एक बात...आख़िर इस दिन का...इन दिनों का अर्थ क्या है? ठंडी पड़ी कॉफी के प्याले को परे सरकाते अब भी सोचती हूँ...इतना क्यों सोचती हूँ पर बाहर अब भी चिलकती धूप ही है...कोई समन्दर क्यों नहीं है?

उस रात के बाद जैसे सुबह नहीं हुई

तो उस रात के बाद जैसे सुबह नहीं हुई। अँधेरा झरता रहा अन्दर-बाहर। उसने

कहा था चित्त लेटो सब शांत हो जाएगा, पर रात की रीतती रुलाई लगातार गोल घूमती रही, जाने कौन से चक्रव्यूह बनाती, भेदती। कुछ खो गया था। और चाभी उस सन्दूक की मिलती न थी। हर बार आँख बन्द करते हथेलियों में उसका ठंडा स्पर्श और आँख खोलते ग़ायब। खो गया, क्या अब कभी नहीं मिलेगा ? की हूक उठती थी। कोई पतली लकीर नहीं थी, रेशे में खरोंचा निशान नहीं था। बस विध्वंस था। सब चुक जाने का प्रलयंकारी विलाप।

फूल लेकिन अब भी गमक रहे थे। लतरों पर कनबालियाँ लटकी थीं, हवा में नाचते घुँघरू। और शीशे पर मातम मनाती एक तितली। अँधेरे में काली। दिन में रही होगी सफ़ेद। मैं अब देखती क्या थी। उस रात में ? जिस रात के बाद जैसे सुबह नहीं हुई।

बाहर कोई बजाता था कोई धुन बहकी हुई, सुरों के बाहर लड़खड़ाती हुई, जीवन से चूर, ख़ुशी से भरपूर, जैसे अन्तिम संगीत हो और फिर इसके बाद कुछ नहीं। ऐसी तोड़ देने वाली बहक कि बदन अपने आप झूम उठे, जैसे यह नृत्य भी अन्तिम था, यह बात भी अन्तिम थी, इसके बाद कोई आवाज़ नहीं। तो, उस रात अन्तिम रात के बाद जैसे सुबह नहीं हुई।

उसका खो जाना भी उतना ही नियत था जितना मिल जाना। फिर इस दुनिया की भीड़ में, इस शहर की भीड़ में, इस गली–मोहल्ले की भीड़ में, अपने अन्दर की भीड़ में...अभी था, अभी नहीं। बढ़े हाथ की सबसे लम्बी उँगली के अन्तिम छोर पर स्पर्श टिका था अब भी जैसे नब्ज़ धड़कती थी अब भी। बावजूद इसके कि उस रात के बाद जैसे सुबह नहीं हुई।

सपना अब भी सुबह तक याद नहीं रहता। किसी वक़्त पूरे डिटेल्स में रहता था। अब नहीं। अब, ग़नीमत कि कुछ देखा था का भास याद रहता है। और बहुत बातें याद रहती हैं, जो नहीं रहनी चाहिए वही याद रहती हैं, अपनी सम्पूर्ण बेवकूफ़ियों में याद रहती हैं। कोई कील दिमाग़ में लटका छोड़ी है जहाँ इन फ़िज़ूल बेकार बातों को टाँग कर भूल जाते हैं, भूल जाते हैं पर कील पर टँगी बात हमें नहीं भूलती। और जो–जो इतना जितना नहीं भूलना था उसे फिर उस रात याद किया जिस रात के बाद जैसे सुबह नहीं हुई।

फिर रात लम्बी होती गई। इसलिए कि उसके बाद सुबह की कोई गुंजाइश नहीं थी। इसलिए कि पता था कि अब सुबह नहीं होनी। इसलिए कि जान लेना ही सब कुछ था। इसलिए कि जितना खोना सच था उतना ही पाना। फिर उस रात के बाद कभी सुबह नहीं हुई। फिर उस बात के बाद कोई बात नहीं हुई।

एक और प्रेमकथा...रीप्ले ?

औरत कहती है, अगर मैं सब पेड़, पर्वत, नदी, मैदान लांघ लूँ, और मेरे पैर ऐसा करते पत्थर के हो जाएँ फिर ? फिर भी तुम...आदमी जो ऐसे ललक से देखता था उसे, जैसे उसके शब्दों को बोलने के पहले ही सुन लेगा। भाँप लेगा, अपने अन्दर पी जाएगा उनको फिर बेमत्त ख़ुशी के नशे में चूर हो जाएगा, ऐसा सुनकर उसके अन्दर उसका मन भसकने लगा। उसकी आत्मा निचुड़ने लगी। जैसे एक पल में सब राख हो गया...सदी बीत गई। उसके कन्धे हताश झुक गए। ज़रा आश्चर्य से उसने अपने अन्दर झाँका और शर्मिन्दगी की लहर उसके अन्दर उभचुभ होने लगी।

औरत की आँखें सयानी हो गईं। उसने बहुत कोमलता से अपनी उँगलियाँ आदमी के चेहरे पर फिराईं। उसके चेहरे की शर्मिन्दगी पोंछी। औरत इस एक पल में आदमी से बहुत बड़ी हो गई। अपने दुख में आदमी से ऊपर हो गई। उसे आश्चर्य नहीं हुआ। इस आदमी का चेहरा जो हर वक़्त उससे माँग करता था...इस पेड़ पर्वत नदी मैदान को लाँघ आओ, उस आदमी का चेहरा अब भी वही था। बस उसके नक्श किसी और के उधार को वापस करते से लगने लगे।

औरत जहाँ जाना चाहती थी अपनी हर धड़कन के सम पर, वहाँ पहुँचने के पहले ही ऐसी हूक रुलाई की वापस लौट आने की, जैसे कलेजे पर चोट की तीखी लकीर खींचता हो जाने कौन। और जाने के पहले ही लौट आने की ऐसी उद्दाम कामना। औरत के अन्दर बहुत सारी दुनिया वास करती है कुछ एक के बाद एक, कुछ साथ-साथ, कुछ जो बीत चुकीं, कुछ जो रीत चुकीं, कुछ आगत कुछ अनागत। उसका सफ़र हर रोज़ शुरू होता है। पर हर रोज़ इतनी दुनिया पैदल चलते, गुनते, फिर भी कितनी ख़ाली जगह है जहाँ रंग भरा जा सकता है। औरत सोचती है, ख़ूब सोचती है, कौन से रंग, कहाँ-कहाँ क्या-क्या, पत्ते पेड़ खरगोश हाथी। और आदमी ? पर आदमी तो उसके पत्थर पाँव से सहम गया। उसका सहमा रंग मेरी दुनिया को बदरंग करेगा। औरत कन्धे सीधे किये, बिना कुछ कहे लौट पड़ती है।

उसका लौटना आदमी चुप देखता है। उसकी उँगलियाँ हथेली में क़ैद हो जाती हैं। वे उँगलियाँ जो औरत को वापस बुला सकती थीं। ऐसा करके आदमी ने तयशुदा रास्ते में से एक से मुँह मोड़ लिया। पर उसका दिल अवसाद से धड़कता रहा बहुत देर तक। इतनी देर कि उसे लगने लगा कि छाती जम रही है और उसका शरीर बिखर रहा है। उसे औरत का मीठा चुंबन याद आता है,

उसकी उँगलियों का प्यार याद आता है, उसकी हँसी याद आती है, उसके बाँह के नीले निशान याद आते हैं, अपनी उँगलियों से उन्हें छूना याद आता है, अपनी उँगलियों से उन्हें बनाना याद आता है। बिना साथ हुए साथ होना याद आता है। और उसे लगता है इस साथ होने में ज़रूरी सिर्फ़ पेड़, पर्वत, नदी मैदान लाँघना था, पत्थर के पाँव नहीं थे। अपनी इस खोज पर उसे ऐसी बेतरह ख़ुशी मिलती है, जैसे औचक उसने कोई चमकती चीज़ मुट्ठी में क़ैद की हो, आँखें चौंधिया जाएँ ऐसी ख़ुशी। जैसे पूरा शरीर किसी सफ़ेद रौशनी से नहा गया हो।

औरत अब तक दूर रास्ते में जाती एक धब्बा, एक परछाईं का आभास रह गई है। आदमी की आँखें उसे देखने के लिए अँधेरे से लड़ती हैं।

कोई बच्चा अपने चोटिल घुटने को दाबे सुबकता घर जाता मुड़कर, एक पल ख़ून नहाए घुटने को भूलता, जिज्ञासा से अँधेरे में खड़े आदमी को देखता है। फिर आसमान देखता है। आसमान में कोई टूटा तारा या क्या पता कोई रात का उड़ता हवाई जहाज किन अनजान लोगों को किस अनजाने लोक में ले जा रहा है।

फिल्म देखता आदमी सिगरेट की अन्तिम सुलगती टोंटी राखदानी में कुचलता है और एक बार फिर बटन दाबता है...रीप्ले...

मन अटकेगा, जाएगा कहाँ?

मन है क्या? पिंजरे में बन्द मैना, हर पल फुर्र, कभी दाना, कभी चोगा, कभी हरियाली भरा विस्तार, कभी सरपट भगा बेलगाम घोड़ा कभी अलस्त-पलस्त भरा पेट अजगर, कभी कानी आँख से तकता भालू, कभी गुपचुप-गुपचुप गप्पी गोली।

पर इतना ही होता मन? कुकुरमुत्ता होता मन? बारिश में हरियाला तोता होता मन, अगरबत्ती का धुआँ होता मन, उलझे बाल और सुलझे मन वाली भोली लड़की के मुँह में घुलता अनारदाना होता मन? कोई चीन की दीवार क्यों नहीं होता मन, जिसके चलते, चलते जाएँ चलते जाएँ, वह तिब्बती लामा लेह की सड़कों पर, वह खोजी दस्ता अमेज़न के जंगल में, वह नागा साधु ब्रह्मपुत्र के तट पर, श्मशान घाट का तांत्रिक कापालिक...ॐ फट स्वाहा स्वाहा...चलें जाएँ, चले जाएँ जहाँ अन्त न हो, बस ओर-छोर विस्तार हो, भूली हुई सड़क हो, बाँस का झुरमुट हो, दबोचा हुआ सीने से लगाया हुआ प्यार हो।

कहाँ है मन और कहाँ है दीवार चीन की ? कहाँ कि जिस तक बराबर-बराबर चलते हुए पहुँचा जाएगा, इस समय से उस समय में, इस दीवार से उस दीवार में, नापेंगे हम अपने चील डैनों से उसकी लम्बाई, तौलेंगे समय को हर पंख की झटकार से, छाती के कोटर में बिठाएँगे ? आसमान तब नीला कहाँ होगा ? होगा हरा, होगा भरा। और धरती फिर धरती नहीं गोल तश्तरी उल्टी-सी और पानी ? पानी बहेगा नीचे से ऊपर और हम सुनेंगे मन से, देखेंगे मन से, महसूसेंगे मन से, आलाप के आ पर और सरगम के सा पर लचक जाएगा बदमाश। हँसी फूटेगी, फूटेगी, तिब्बती लामा हँसेगा अपनी नासमझ या सब समझ हँसी। और चीन की दीवार टूटेगी ईंट-ईंट, गर्द उठेगा, गुबार थमेगा, मन किसी चौकन्ने पंछी सा तिर जाएगा ऊपर-ऊपर, चक्रवात के सिरे पर, फुनगी पर, नोक पर, साँस पर, कोर पर...आख़िर मन ही तो है। कमरे के उखड़ते पलस्तर पर आँख गड़ाए, नींद भर आए तो टेढ़ी-मेढ़ी रेखा की धूपछाँह कारीगरी पर मन अटकेगा न, जाएगा कहाँ ? वहाँ जहाँ सब है, सब और जहाँ कुछ भी नहीं।

ऑर्केस्ट्रा

उस रात घुप्प अँधेरे में चौकस सिर्फ़ दो आँखें थीं। गीदड़ों का हुहुआना, तेज़ बरछी हवा और झींगुरों का संगीत था। रात थी, अकेलापन निचाट था। और ऊपर चमकते कितने तारे थे, इतने कि छाती भर जाये। इतने कि सब ओढ़ लूँ फिर भी बच जाएँ। फिर बारिश होने लगी थी। अन्दर-बाहर सब भीग रहा था। अब सिर्फ़ चलना था। जैसे समय की कोई सीधी रेखा पर पैर जमाते कोई कुशल नट। और चलते-चलते, एक लय से चलते संगीत शुरू हुआ। धीमा मद्धम। मेरे अन्दर झरना बहता था। उसकी फुहार बाहर तक आती थी। किसी आरोह पर हिचकी सी अटक जाती थी। फूल खिलते थे, नीले हरे और नदी बहती थी तेज़ शोर करती हुई। और नदी के तट पर तम्बुओं से बाहर झाँकती औरतें आँखों को हथेलियों का ओट देकर देखती थीं, दूर कोई घोड़े के चापों की आहट। गदबदे नंगधड़ंग बच्चे लुढ़कते गिरते हँसते रोते, माँओं के कपड़े से लटके पलते बढ़ते बड़े होते, आग पर कन्द और जानवर भूने जाते, मछलियाँ सुखाई जातीं, कड़ाहों में कपड़े रंगे जाते, मोती सीप पत्थर की मालाएँ बनती और जीवन चलता। उस रात और जाने कैसी कितनी रात, ऐसे ही तारों के नीचे

धरती पर, नसों और शिराओं में गीत बजता। नगाड़े के थाप पर उन्माद नाचता, जोड़ता कोई तार जाने कहाँ से कहाँ तक। ऐसी ही सोच को सोचता कोई पगलाता विलाप में। पत्थर पेड़ नदी आदमी। आदमी छूता अपनी त्वचा को, अपने शरीर को, अपनी आँखों को। उस तेज़ होते संगीत में, किसी और नई सभ्यता के जन्म में, किसी और आकाशगंगा में कोई नर्म रोएंदार गिलहरी बरामदे में बस एक पल को स्थिर गर्दन मोड़े देखती उस बच्चे को जो बढ़े हाथ में मूँगफली पकड़े देखता है घात लगाए। पर इस बार भी फुर्र होती है गिलहरी।

आदमी भीगी ज़मीन में चलते-चलते आख़िर थक कर लेटता है। दूर कहीं एक रौशनी का टिमटिमाता बिन्दु ही काफी है सुकून के लिए। कोई और है तो इस भरी दुनिया में...एक और इनसान कोई, कहीं। भीगे पत्तों से रामजी का घोड़ा निकल, बैठ जाता है उसकी छाती पर। आदमी के खर्राटे में सुनाई देता है उसको अपना कोई पहचाना प्यारा गीत। थकन से बेहोश आदमी अब भी अकेला है अपने संगीत में, अपनी नींद में।

दर्द का नशा भी कोई नशा है क्या ?

दर्द का कोई ज्वालामुखी फूटता है और पूरे बदन में बिछती है सुरंग। किस नस पर कहाँ उँगली रखूँ कि फूट पड़े कोई छुपा लैंडमाइन। तुम्हें पता है दर्द का भी अपना नशा होता है। उसी नशे पर सवार मैं घूमती हूँ किन्हीं कुहरीली गलियों में...कोई बाँस का झुरमुट और उसकी छाँह में दुबका पोखर जहाँ सुबह की कोई अचक्के डली किरण की रौशनी अपने बदन पर सजाए डुबकी मारती है...डुब्ब से कोई रेवा मछली, भेड़ और बकरी के खुर के गोल निशान के कीचड़ वाले गुपची में, तैरते मटमैले पानी के कोटर में एक मेढक ताकता है अनझिप आँखों से किसी पनियल पतंगे के पारदर्शक डैने को, कोई मुर्गाबी हरियाए घार से झुरमुट में गड़प चोंच डालती पकड़ती है चारा फिर उड़ जाती है इन्हीं पेड़ों में से कहीं। ये सब ये सब नहीं देखती हूँ मैं। कैसे देखूँ कि मैं दर्द के नशे पर सवार कोई हताश बेसहारा घुड़सवार हूँ जिसका सफ़र, पर, अन्तहीन तकलीफ़देह सफ़र कभी ख़त्म होता नहीं। भूख और प्यास से होंठ पपड़िया जाते हों तो क्या ? तकलीफ़ की चिलकन अपनी दुनिया रचती हो तो क्या ? इस तकलीफ़ को बाँटने तुम आओगे क्या ? तुम, जिसे तकलीफ़ का पता तक नहीं मालूम ? उसे ये चिट्ठी भेजूँ भी क्यों ? क्यों क्यों ?

धूप में पुआल के ढेर पर औंधे पड़े उसकी मीठी महक नाक में भरे, दर्द को मुट्ठी में भरे डुबकी मारती हूँ कि तल में कोई सुराख हो जिससे पार जाकर निकलूँ किसी ताज़ा धूप नहाई दुनिया में जहाँ यह सब कुछ न हो, बस कुछ न हो। और तुम अब भी कहते हो दर्द का नशा भी कोई नशा है क्या?

कोयलिया मत कर पुकार

बजेगा नगाड़ा कोई कहीं दूर पास धक्क से। पिघल जाएगी तरल-तरल कोई नदी। कई शिलाएँ बर्फ़ की ऐसे फूटती हैं जैसे अल्लस्सुबह कोई हरे खिच्चे पत्तों में बन्द ओस। और ठीक उसी वक़्त, बस ठीक उसी वक़्त वही वही स्वर निकलेगा उस पुराने ग्रामोफ़ोन से। सुर और ताल के टेढ़े-मेढ़े रास्ते तय करता फिसल आएगा गले से नीचे किसी नस के सहारे, धमनियों में, गाढ़े-मीठे शहद सा। कोई गीत बजेगा रात भर गले की हड्डियों के सुबुक गड्ढे में। हर उठती-गिरती थरथराती साँस के साथ टिका होगा बस जीभ की नोक पर ज़बान तक पहुँचने के बस ज़रा सा पहले। शब्द, धुन सब बिसराए से किसी पुरानी चोट का भूला हुआ दर्द जो टीस न मारे। स्मृतियाँ किसी मार्चिंग सॉन्ग की धुन पर बहकेंगी मचलेंगी इठलाएँगी। हटाओगे उन्हें फिर किस बेरहमी से? आह कितनी भीतरघुन्नी कैसे समेट रखी हिफाज़त से। अब देखो कोई कोना उघड़ेगा बस इतनी सी बात, फिर सब होगा जगज़ाहिर जैसे झाँकता बच्चा किसी ओट से।

तरसल जियरा हमार (ओ मेरी सोनचिरैया ऐसे मत होना फुर्र)

आग की लपट रह-रह कर लपकती चमक जाती थी आँखों की पुतलियों में। लकड़ी के पतले फट्टों में किसी बरसाती साल की नमी क़ैद थी, आज रह-रह कर निकलती कौंधती थी, एक चिनगारी कूदती थी बेख़ौफ़। उबल जाता था एक-एक, जाने कितने बुलबुले भूरे लसलसे। झुरझुराता था पल को गर्मी से, तेज़ आँच से फिर सिकुड़ विलीन हो जाता था। राख, गर्म राख का ढेर, कल कराना होगा साफ़ पर अभी इस फ़ायरप्लेस के आगे, तापते आग को, चेहरे पर रोकते मुट्ठी में भरते देखते हैं बीतते। कल से समय का नया होगा नाम एक

नम्बर आगे पर समय ? क्या वही होगा ? नींद में झुकती हैं आँखें, सपने टिकते हैं पलकों की नोक पर, काँपता है भाग्य सहमती है नियति, गणेश जी की मूर्ति पर गेंदे का फूल, चाँदी के दीये में जलती है बत्ती ! गाती है हवा, हँसता है पानी। फिसल जाता है रेतकण, करता है नृत्य उन्मत्त बेमत्त। गिरता है मन किसी गड्ढे में, पड़ते हैं पैर किसी सूरज पर। हलका होता है बदन। छूता है धरती को चिड़िया का पंख। हवा में खींचता है रंग कोई अमूर्त चित्र। धूप में खिलखिलाता है दिन फूँकता है सरगम। किसी बाँसुरी में लम्बी तान। आती है आवाज़ किसी ग्रामोफ़ोन से। गाती हैं रसूलन बाई कजरी—तरसत जियरा हमार। काला तवा घूमता है। डूबता है मन घूमता है मन किस अदृश्य जाल में ? ओ मेरी सोनचिरैया ऐसे मत होना फुर्र।

प्यार में माइग्रेन

काली कॉफी के तल में छूटी हुई हैं कुछ बातें। धूप की सीढ़ी चढ़ दिन पहुँच जाता है छत पर, सो जाता है अलमस्त दोपहरी में।

आर यू हैप्पी ? सिगरेट की राख सवाल के साथ-साथ भुरभुरा कर गिरती है ट्रे पर।

सामने बच्चे खेलते हैं फव्वारे के चारों ओर। हवा बहती है छूती है इसको उसको, कोई स्कार्फ, कोई शॉल हिलता फड़फड़ाता है। फ़ोन पर बात करती लड़की हँसती है अचानक। चौंक कर मुड़कर देखती है फिर मगन हो जाती है। कॉफी का प्याला प्लेट पर गोल घुमाती औरत सोचती नहीं है। दिन के इस वक़्त जड़ा हुआ ये पल तौलती है। आदमी के आर यू हैप्पी को तौलती है। तौलती है दर्द के चिलकने को। टीस की टोपी ओढ़े सिर थामे स्थिर।

आदमी बाहर देखता है, सिगरेट फूँकता है। सब तरफ़ देखता है। औरत आदमी को देखती है। उसके न देखने को देखती है। फिर बैग से निकालकर कोई सा भी पेनकिलर गटकती है। क्या फ़र्क़ पड़ता है।

कमरे में बिखरी हैं नीली दरियाँ। हर रंग का नीला। और कोने में इज़ेल, आधा चेहरा। बेंत के काउच पर अब भी निशान हैं देह के ढलकने का, बाल के एक रेशे का, रात की स्मृति का। बाहर पैटिओ पर गीले पत्ते सिहरते हैं कुहासे में। ठंड चाय की प्याली में डूबता-उतराता है। गद्दे पर निढाल पड़े आदमी को देखती है औरत। पीछे बजती है कोई धुन रेडियो पर, काँपती है

आवाज़। आदमी की उँगलियों पर अब भी निशान हैं पेंट के। तारपीन के तेल की महक सूँघती है औरत नाक भर कर।

एक नस फिर फड़कती है, बिजली फिर कौंधती है। और वह सोचती है आज भी असर नहीं हुआ, इस कमबख़्त पेनकिलर का! इज़ेल के आधे चेहरे में ढूँढ़ती है हैप्पीनेस का डेफ़िनेशन।

ईवनिंग ब्लूज़

सड़कों पर साँझ उतर रही है। आसमान धूसर मटमैला है। नीचे एक भूरी बिल्ली उदास आँखों से छज्जे को देखती, झाड़ियों में बिला जाती है। पंछियों का लौटना भी जैसे उदासी का ही कोई राग हो। जैसे ख़त्म होने को दोहराता हुआ। लौट जाना भी जैसे ख़त्म होना होता होगा। पेड़ों के पत्तों पर से अँधेरा गहराता है। कुछ देर में नीचे शाखों से होकर ज़मीन तक फैल जाएगा।

मन उदास बेचैन है। पचास चीज़ें, उभचुभ कर रही हैं, जी किसी में नहीं रम रहा। सामने के घर के छोटे लॉन में कुर्सियाँ लगी हैं। बगल में मेज़ पर क्रिस्टल ग्लासेज़ हैं, वाइन की बोतल। शायद कोई छोटी सी पार्टी। धीमा संगीत उठकर ऊपर मुझ तक आता है। अँधेरे में चुप बैठे सोचती हूँ कितने काम करने हैं, कितने बिलकुल नहीं करते। करने न करने के बीच मन यो-यो जैसा डोलता है। कितना पढ़ना, कितना सीखना, कितना संगीत सुनना, कितना खाना चखना-पकाना। कितनी दुनिया देखनी है। कितनी यायावरी, कितना पागलपन, कितना मिलना कितना छूटना। कितना-कितना करना। मैं चुपचाप ढलती साँझ में बिना कुछ किये बैठी समय का बीतना महसूस करती हूँ। एक नशे में धुत्त पागल ऐडिक्ट वेटिंग फ़ॉर अ फ़िक्स?

सूरजमुखी का पीला स्वाद

हर बार शब्द निकलते हैं अर्थ को तलाशते बौराए निपट उदास खोज में। मैं सुनती हूँ ख़ुद को भी दम साधे, चौकन्नी सतर्क, बजती है आवाज़ फिर लौट-लौट आती है बिना छुये हुए किसी हवा तक को भी। अन्दर गिरता है बूँद-बूँद पानी। कोर्स की किताबें, *स्टैलेकटाइट्स* और *स्टैलेगमाइट्स*, बर्फ़ की पिघलती

शिला रिसती है ठंडे सन्नाटे में। ऐसा कैसा मौन, इस शोर में भी ? या फिर रात के अँधेरे में बाथरूम के टपकते नल जैसी, उचटती है नींद, बेखटके देखती है आँखें चीर कर गाढ़े काले अन्धकार में चमकती बिल्ली आँखें, कुछ रेंग जाता बचपन का भूला डर ? खिड़की से झाँक जाता है एक बार और ! और पाती हूँ अपने को कहते हुए किससे ? शायद ख़ुद से बस एक बार और ?

डर का भी एक स्वाद होता है, लटपटाई जीभ पर फुसफुसाता कोंचता स्वाद जो याद रहता है बरसों डर के न होने पर भी। जिसका इंतज़ार करता है मन कैसी सिहरती उत्सुकता से, पैर बढ़ाते ही झट से पीछे खींच लेने का कौतुक खेल ? आगे- पीछे पटरी पर दौड़ती है रेल, बोलते हैं। झींगुर बाहर की बरसात में, निकल पड़ते हैं यायावर, मन के ही सही, उतरती है सड़क किसी बियावान खोह में नीम गुम अँधेरे के। बीतती है रात एक बार और। सुरंग के पार उगता है दिन सूरजमुखी सा। अँधेरे डर के बाद सुलगते दिन का स्वाद, बस एक बार और।

(वॉन गॉग के सूरजमुखी के फूलों को याद करते हुए)

किताबों के बीच

कमरे में ड्रेसर के ऊपर मैं कुछ किताबें रखती हूँ। फिर पलंग के पास हाथ बढ़ाकर छू सकने वाली दूरी पर शेल्फ़ में भी कुछ किताबें रखती हूँ। जो किताबें पढ़ी जा रही हैं वो पलंग के पास और जो पढ़ी जाने वाली हैं या साथ-साथ कुछ अन्तराल पर पढ़ी जा रही हैं वो ड्रेसर टॉप पर। ये किताबें बदलती रहती हैं। पहले ये रफ़्तार तेज़ होती थी। टर्नओवर फ़ास्ट। आजकल काफ़ी धीमा हो गया है। किताबें भी कई-कई एक साथ पढ़ी जा रही हैं। पहले यही बात कोई कहता तो मैं हैरान हो जाती। डूब कर एक किताब ख़त्म करने के बाद ही दूसरे को हाथ लगाती। लेकिन अब ऐसा छूटता जाता है। दोस्त कम हो रहे हैं और किताबें, एक समय पर पढ़ी जाने वालीं, बढ़ रही हैं। ड्रेसर पर की किताबों में जो पलटे पढ़े जा रहे हैं, प्रियंवद की भारत विभाजन की अन्त:कथा, नायपॉल की द मिमिक मैन, मार्खेज़ की द औटम ऑफ़ द पैट्रिआर्क, डगलस ऐडम्स की हिचहाईकर्स गाइड टू द गैलेक्सी, पालीवाल की भक्तिकाव्य से साक्षात्कार, पामुक की स्नो। मुराकामी पलंग के बगल में हाथ से छूने की दूरी पर हैं। बीच-बीच में साईंनाथ के कुछ चैप्टर्स भी पढ़ रही हूँ।

गाड़ी में भी हमेशा कुछ किताबें पड़ी रहती हैं। पता नहीं कब किस लाल बत्ती पर घंटे दो घंटे की फसान हो जाए, तब मंसूर सुना जा सकता है या फिर किताब पढ़ी जा सकती है। तो ऐसे किसी औचक अवसर के लिए, जो अब तक आया नहीं है, किताबें गाड़ी में भी रखी रहती हैं, हैदर और इस्मत चुगताई और निर्मल वर्मा, फ़िलहाल। कल कुर्तुल एन हैदर की श्रेष्ठ कहानियाँ गाड़ी की पिछली सीट पर से उठा लाई। कलन्दर और डालनवाला फिर से पढ़ी। ज़िलावतन पढ़ने की हुमस हो रही है। जितनी किताबें साथ चलती हैं उतनी ही वो भी अपना प्रेजेंस बनाए रखती हैं जिन्हें पहले पढ़ा हो। दिमाग़ में किताबें कैसे गड्डमड्ड अपनी-अपनी जगह बनाए रखती हैं। टेक्टोनिक प्लेट्स के हिलते रहने जैसे पता नहीं कब कौन सा परत ऊपर आ जाए और कौन सी किताब का कौन सा पात्र दरवाज़ा ठकठका दे। दूसरे कमरे में, जहाँ और किताबें रखीं हैं वहाँ कोई याद आई किताब ढूँढ़ लेना महान काम है। तब, जब आपके मन पर उस किताब का कवर, लिखाई सब तसवीर जैसे साफ़ हो। किताब का न मिलना तब कैसा त्रासदायी होता है। दाँत में फँसे अमरूद के बीज जैसा कुछ अजीब अटका सा। कल से पानू खोलिया की किताब सत्तरपार के शिखर खोज रही हूँ। एक दोस्त से किताबों की चर्चा हो रही थी। पानू खोलिया का ज़िक्र कुछ याद करते-करते हुआ। तब से अटके हैं पानू पर।

पानू खोलिया नहीं मिले लेकिन और कुछ किताबें मिल गईं। इन्नर कोर्टयार्ड मिली और डार से बिछुड़ी मिली, तालस्ताय मिले और जेन ऑस्टेन मिलीं। चाँदनी बेगम मिली और मित्रो मरजानी मिली। ये सारी किताबें टेबल पर आ गई हैं। घर में थोड़ा हंगामा मचा है कि एक बार में इतनी किताबें कैसे कोई पढ़ सकता है, कुछ तो हटाओ यहाँ इस कमरे से। और मैं सोचती हूँ थोड़ा-थोड़ा सबसे मिलूँ फिर से।

लेट नाइट शो

थिएटर के अन्दर ठंडक थी, अंधेरा था, घुप्प अंधेरा नहीं, नीली पीली लाल रौशनी वाला गाढ़ा अंधेरा। पॉपकॉर्न नहीं था, कोक नहीं था, नाचोस और कॉफी नहीं थी। लेट नाइट शो का थकन भरा आलस था, गुपचुप जम्हाई थी, नींद भरी आँखें थीं और इन सबके चारों ओर 'आईसबर्ग' की ख़ुशबू थी, पसीने और दिन भर की थकन के साथ घुली-बसी और अन्त में नहीं इन सबके

ऊपर सिहरता–सिमटता–सा एहसास था।

शुक्रवार था। सप्ताह का अन्त था। छिटपुट भीड़ के रेले थे। शो शुरू होने के पहले की अलस चहचहाहट थी, थोड़ी मद्धिम, थोड़ी शाँत, बहुत कुछ उबासी से भरा, हर दो शब्द के बाद एक लंबी जम्हाई का दीर्घ आलाप था। जोड़े थे, हाथ में हाथ डाले, कंधों पर सर टिकाए, मशगूल, महफूज़। कुछ एक बच्चे भी थे, नींद में ढलकते। एक्ज़िट और एँट्रेंस की लाल नियान लाइट्स भक्क जल रही थीं। और स्क्रीन पर नो स्मोकिंग की बुझी हुई सिगरेट की टोंटी थी लाल घेरे में क़ैद। बावजूद इसके तलब वाले शौक़ीन निकलेंगे बाहर कुछ कसैला धुआँ छाती में और भरने, शायद इंटरमिशन पर, जब सोते बच्चे कुनमुना कर जग जाएँगे, इस देर रात की उनकी एकमात्र हाईलाइट, स्वीट कॉर्न कप और कोला के गिलास के लिए। औरतें भागेंगी वॉशरूम तक, निंदाई आँखों से आईने में दुरुस्त करेंगी बालों को, सिकोड़ेंगी होंठों को, मिलाएँगी अपनी शक्ल उस फिल्म की हीरोईन से, फिर साँस भर लौट जाएँगी अपनी सीट। मर्द फूँकेंगे एकाध कश, तत्परता से लौटेंगे हाथ में स्नैक्स लिए।

लौट पड़ेंगे सब एक बार फिर उस रहस्यमय दुनिया में, उस मेक बिलीव वर्ल्ड में। अंधेरा लील लेगा दिन की सारी मशक्कतें और नीले, गाढ़े अँधेरे में सब बदल जाएँगे सिर्फ़ दो जोड़ी आँखों में। स्क्रीन पर हमारा हीरो गाएगा गीत पेड़ों के इर्द–गिर्द, किसी चहकती, चुहलती हीरोईन को, दिखाएगा अदाएँ और पूरी दर्शक दीर्घा नाचेगी उनके साथ उसी मस्ती में, भूलकर सारी जद्दोज़हद दिनभर की, उस लेट नाइट शो में।

घर के भूगोल का घर

किसी दिन कोई गीत

माँ की आवाज़ भारी चमकदार थी। उसमें खनक और वज़न था। पानी की गहराइयों से गिरता फिर अचानक, अनायास किसी पंछी के परों सा हलका होता आसमान तक उठ सकता था। मेरी आवाज़ जबकि पानी के तल पर डूबा पत्थर थी। लहरों के थपेड़े से ज़रा सा उतराता-हिलता फिर थरथरा कर अपनी जगह बैठ जाता स्वर था। माँ जब बोलतीं उनकी आवाज़ दस कमरों के पार तक घूम आती। जाड़े की सर्द तेज़ी से लेकर गर्मी के ताप की धमक तक वह लेकर चलती। मेरी आवाज़ तेज़ बारिश में नहाया झमाया नन्हा पौधा थी। धीमे अँधेरे में ख़ुद को सुनता चुपाता।

माँ कहानियाँ कहतीं और बहुत हँसती। लेकिन तब कोई और ज़माना था। माँ अब कहानियाँ नहीं कहतीं। माँ अब अपने दुख गुनती हैं। मैं चुप सुनती हूँ। कई बार थक जाती हूँ फिर ग्लानि होती है। मेरी कहानियाँ माँ की कहानियों की प्रतिध्वनि होती हैं, कई बार। मेरी स्मृतियाँ माँ की विलुप्त स्मृतियाँ हैं। माँ जो भूल गई हैं, वह सब मैंने सहेज रखा है। माँ बाज़ दफ़ा सिरे से मेरी स्मृति को ख़ारिज करती हैं। मेरे ज़ोर देने पर नाराज़ हो जाती हैं, कहती हैं, तुम्हें क्या लगता है तुम ऐसे मुझे झुठला दोगी। फिर घड़ी दो घड़ी बाद बच्चे से भोलेपन से कहती हैं, मुझे सब याद है, मैं कुछ भी नहीं भूली। और अपनी बात को साबित करने के लिए ऐसी बहुत सी बातें कहती हैं जिन्हें सुनना मेरे लिए एम्बैरेसिंग होता है। मसलन, बचपन की मेरी बहुत सारी बेवकूफ़ियाँ।

लेकिन माँ जब गुनगुनाती हैं, किसी गुज़रे समय की चाप अब भी सुनाई देती है। उनके गले में सुर झाँकता भागता दिखता है। उनकी आवाज़ थरथराती काँपती रस्सी पर सँभल-सँभल कर पाँव जमाना होता है। पानी के विशाल कुँड में पंजे की पहली उँगली डुबाने जैसा। मैं सबसे कहती हूँ, माँ की आवाज़ गमकदार पाटदार है। उसकी तान में बहुत लोच और पेचदार मुरकियाँ हैं। उनके गुनगुनाने में झीसी में खड़े भीगने का सुख है और जब वह अपनी आवाज़ को खोल देंगी जैसा तब किया करती थीं, तब किसी प्रपात की तेज़ी के नीचे खड़े उसकी तेज़ी और प्रचंडता को महसूस करने का अनुभव है।

माँ अब भूली सी गाती, चुप हो जाती हैं। मैं अकेले कमरे में अपनी आवाज़ को खोलती हूँ, एक-एक गाँठ, एक-एक बन्द और एक-एक रेशा। उसमें एक तत्त्व उनकी आवाज़ का है, एक शायद पिता का जो कहते थे, मेरी आवाज़ में पिच नहीं है, बेस नहीं है। और एक मेरा ख़ुद का। मैं गाना चाहती हूँ, माँ की तरह नहीं, अपनी तरह, उल्लास में, दर्द में, तकलीफ़ में। पीछे से मेरी बेटी गाती है, राग ख़माज।

मछलियाँ बिल्ली नहीं होतीं

फिरंगी, पियर, नेरो, कालू, लिला और पन्ना...यही नाम तय किये गए थे। नेरो लैटिन में काला, ऐसा बताया गया था। इस तथ्य की पुष्टि नहीं की गई थी, बस मान लिया था क्योंकि नेरो अच्छा सुनाई पड़ रहा था। दो काली थीं इसलिए नेरो और कालू। एक गुलाबी थी इसलिए लिला, जर्मन में फूल, गुलाबी नाज़ुक फूल। फिर जो नारंगी थी सो फिरंगी थी और जो पीले थे सो पियर, भोजपुरी वाला पियर और बाक़ी थी पन्ना, इसलिए कि पन्ना मुझे पसन्द थी। पन्ना पीली पन्ना पुखराज। तो ये थे हमारे बाबू गुलफ़ाम नये मेहमान।

बच्ची ने पूछा, मैं इनको चूम नहीं सकती? मैं इनको बाँहों में नहीं भर सकती? मैं इनकी पीठ सहला नहीं सकती? बच्ची शीशे के गोल मर्तबान को बाँहों में घेर बैठ जाती।

माँ काम करतीं इधर-उधर गुज़रतीं, देखतीं बच्ची मर्तबान के आगे ठुड्डी टिकाए तन्मय बैठी है, जो कभी मिनट भर चुप न होती हो सो चुप हो और मछलियाँ बेखबर। आईपॉड से निकलते धुन के परे उनका नृत्य चलता। बच्ची विश्वास करना चाहती थी कि उनकी हरकत धुन की संगत की है। उसकी उँगलियाँ शीशे पर धीमे फिरतीं। मछलियाँ अचक्के कभी उस तरफ़ आतीं फिर सूई की तेज़ी से फिर-फिर जातीं।

बच्ची बेज़ार होती कहती, ओह ये कभी पालतू होंगी? मैं कहूँ लिला तो लिला आएगी उधर? जिधर मेरी उँगली पुकारती उसको? माँ उबासी लेती कहतीं तुम पहचानती हो लिला है कि फिरंगी है? माँ गुपचुप मुस्कुरातीं, देखतीं बच्ची कितनी तो बच्ची है अब तक।

बच्ची हफ़्ते भर तक देखती-परखती आख़िर निराश होती कहती, माँ क्या अच्छा हो अगर तुम मुझे एक बिल्ली ला दो या फिर कोई प्यारा नन्हा पिल्ला?

माँ कहती तुम्हारी मछलियाँ ये सुन दुखी नहीं हो जाएँगी ?

बच्ची दुखी भारी आवाज़ में कहती, माँ लेकिन मछलियाँ बिल्ली नहीं होतीं। एक दिन पाया गया कि बच्ची मर्तबान में हाथ डाल कर उन्हें सहलाने दुलारने की कोशिश में है। पियर बाबू भागे-भागे फिरे। लिला तो सबसे नाज़ुक नन्ही परीजान दुबक कर तल में छिपी बैठी, नेरो और कालू प्यारा कार्लो काली गोल-गोल भागमभाग चकरघिन्नी खाए और मेरी पन्ना चौंकचौं गप्पागप्प मुँह फकफक किये उँगली के गिर्द फिरती दिखे। फिरंगी जाने किस शोक के असर में अगले दिन सतह पर उलटे दिखे। फ़र्स्ट कैजुअलटी। बालकनी के कोने में रखे बड़े गमले की नम मिट्टी में उनका डीसेंट बरियल हुआ। अब पाँच रह गईं मानो लिला जो गुलाबी होने के नाते फिरंगी नारंगी से सबसे नज़दीक थी, सो रह गई अकेली। पर इस हादसे के बात तय बात थी कि बच्ची को समझाया जाए कि बाबू बच्चा प्यारा मछली मछली होती है, नर्म रोयेंदार ऊन का गोला नहीं, प्यारी दुलारी किटी नहीं जिसके रोयें की नरमाहट हाथ को नर्मी दे। मछली तो सिर्फ़ नयन सुख देती है, आँखों की हरियाली। शीशे के पारदर्शक बर्तन में घूमती-नाचती रंगीन तितलियाँ, लहराती, तिरती-तैरती परियाँ।

बच्ची को, सोचते हैं एक बिल्ली ला दें। बिल्ली अपने ऐटिट्यूड में घर भर घूमेगी। मछलियाँ अपने मर्तबान में। फिर सोचते हैं मछली और बिल्ली का कॉम्बिनेशन ख़तरनाक है। बच्ची आजकल मछलियाँ देखती है, तन्मय हो कर। फिरंगी को तल कर खा जाने की बात भूल चुकी है। बच्ची आजकल गाना गाती है, मर्तबान के आगे बैठकर होंठ शीशे से सटाए। पियर या पन्ना मुँह गप्पगप्प करती बच्ची के होंठ की तरफ़ आती हैं। घर के एक ख़ाली कोने में आजकल बहुत सारा लय है।

बारिश और बिच्छू

बहुत पुरानी स्मृतियों में, मेरी नहीं, माँ की स्मृति में, जो जाने कितनी बार दोहराई गई हैं, बरसाती दोपहरों में और कुहासे घिरी ठंडी रातों में, चाय की प्यालियों की भाप के बीच और खाने के बाद सौंफ की ख़ुशबूदार जुगालियों के गिर्द, सोचते और फिर याद करते, अटकते उस बीते समय को पकड़ते, कोशिश करते और बिच्छू अब भी मिट्टी की दीवार पर रेंगता है...उसकी छाया दस गुनी बढ़ती है, उसका डंक दीवार पर पसरता है।

तो, वो समय ऐसा था...।

इसी तरह उनकी कहानी शुरू होती थी...

तुम्हारे पिता तब किसी देहात में नियुक्त थे। उन्हें एक नियुक्ति वहाँ बितानी थी और दोस्तों ने हमें आगाह किया था कि छोटे बच्चों के साथ वहाँ कितना कठिन समय हमारा बीतने वाला था, जहाँ बिजली नहीं थी और अस्पताल नहीं था। एक डॉक्टर तो थे और उनका एक कम्पाउंडर, छोटा-सा दुबला-सा आदमी जिसकी आँखें मचकती थीं और एक मलयाली नर्स जिसके तेल भीगे कड़े घुँघराले बाल थे। एक तीन कमरे की झँखाड़ उजाड़ सरकारी डिस्पेंसरी थी जहाँ कोई दवा या स्टॉक नहीं होता था सिवाय कॉटन के बड़े रोल्स के।

माँ फिर चली जातीं कहीं और।

मैं उन्हें वापस लाने की कोशिश करती, हाँ-हाँ लेकिन उन बिच्छुओं का क्या? ओह वे? पर वे तो हर तरफ़ थे, जूते में, रज़ाई के भीतर, क़मीज़ की तह में, पतलून के पैर में, और एक बार तो उस पजामे में भी जो मैंने तुम्हारे पिता को पहनने को दिया था।

और फिर?

फिर क्या? वह भाग्यशाली रहे, बिच्छू बस फिसल कर नीचे ज़मीन पर गिरा, उलट गया फिर कुछ पल उलटा तड़फड़ाया, सीधा हुआ और तेज़ी से अँधेरे में बिला गया। बेचारा, शायद तुम्हारे पिता से भी ज़्यादा सहमा डरा हुआ होगा माँ एक लम्बी गहरी साँस लेती हैं। दीवार पर परछाईं गहराती है फिर ज़रा काँपती है।

वहाँ बिजली नहीं थी। हर कमरे के लिए एक लालटेन और तुम्हारे पिता के काम करने के लिए एक पेट्रोमैक्स।

मुझे एक फोटो की याद है जिसमें पिता अपने काम के बीच (सिर उठाकर) ऊपर देख रहे हैं, उनके चश्मे का काला फ्रेम उन्हें बहुत गम्भीर दर्शा रहा है एक क़िस्म की संजीदा ख़ूबसूरती के साथ। उनकी भौंहें प्रश्न में उठी हैं और एक पुराना पेट्रोमैक्स बगल की मेज पर रखा है।

शायद यह वही पेट्रोमैक्स था या उस जैसा कोई और।

मैं तसवीर हाथ में रखती हूँ, सहेजती हूँ। अब कोई नहीं है न माँ...न पिता। मेरे ऊपर छत नहीं है। आसमान खुला है और हर समय बारिश होती है।

हड़बड़ी में जीना मुझसे कितनी गलतियाँ करा गया...

सबसे बड़ा ग्लोब

हमारे घर एक बैरोमीटर, एक लैक्टोमीटर और एक ग्लोब था। एक थर्मामीटर भी था जो टूट गया था और जिसका पारा हमने एक छोटे पारदर्शी डब्बे में इकट्ठा कर रखा था। लैक्टोमीटर से हम दूध की शुद्धता नापते थे। उन दिनों हमारे घर में फ्रिज़ नहीं था और माँ दिन में चार बार दूध गरम करती थीं कि ख़राब न हो। हम स्टील के कटोरे में दूध डालकर जाँचते थे। उसमें पानी डाल-डाल कर देखते कि लैक्टोमीटर सही बता रहा है कि नहीं। हर बार सही माप हमें भौचक करता और हम एक दूसरे को देख विजयी भाव से हँसते थे जैसे कि ये कोई जादू का खेल था जिसे हमने ही अंजाम दिया था।

गर्मी की दोपहरियों में माँ साड़ी का आँचल एक तरफ़ फेंक कर पँखे के नीचे फ़र्श पर चित्त सो जाया करती थीं तब हम चुपके दबे पाँव बैरोमीटर लेकर बाहर निकल जाया करते। पुटुस की झाड़ियों की ठंडी छाँह में भुरभुरी मिट्टी में तलवे धँसाए हम बैरोमीटर पढ़ते। उसका माप हमारी समझ के बाहर था। फिर भी उसको हाथ में थाम कर उसकी बढ़ती-घटती रीडिंग को देखना हमें अन्वेषण कर्ता बना देता था। ग्लोब पढ़ना अलबत्ता अकेले का खेल था। ग्लोब नीले रंग का था और उस पर दर्शाये ज़मीन के टुकड़े भूरे-हरे रंग के। उसका ऐक्सिस हलके पीले रंग का था। धीमे-धीमे उसे हम घुमाते और आँख बन्द कर कहीं उँगली रख देते। कुछ पल में ही एशिया से योरोप या दक्षिण अमरीका पहुँच जाते। हम जगह सीख रहे थे...लीमा, पेरु, इस्ताम्बुल से बढ़ते हुए हम बुरकिना फास्सो, उलन बटूर, उरुग्वे, समोआ, तिमोर, इस्तोनिया, किरीबाटी, सान मरीनो तक पहुँच गए थे। फिर हमने ऐटलस पढ़ना शुरू किया। ज़मीन पर ऐटलस फैलाए हम मूड़ी जोड़े महीन अक्षरों को उँगलियों से पढ़ते। फिर हमने पुरानी दराज़ों को खँगालते हुए मैग्नीफाइंग ग्लास का अन्वेषण किया था। उससे न सिर्फ़ अक्षर बड़े हो जाते थे बल्कि हथेलियों की रेखाएँ और उँगलियों के पोरों के महीन घुमाव से लेकर त्वचा के रोमछिद्र तक विशाल दिखाई देते। पकड़ी हुई मक्खी का शरीर और चम्मच पर रखे शक्कर का दाना भी। और सबसे मज़े की चीज़ की सूरज की किरण को फ़ोकस कर नीचे रखे अख़बार का एक कोना भी जलाया जा सकता था।

पर ये सब दूसरे दर्जे के खेल थे। असली मज़ा ऐटलस और ग्लोब पढ़ने का ही था। टुंड्रा और सवाना और पम्पास समझने का था। पहाड़ों पर उगते मॉस लाईकेंस और रोडोडेंड्रान जानने का था। ऐटलस को छाती से सटाए चित्त

लेटकर छत देखने का था। छत देखते उन दूरदराज जगहों की गलियों में भटकने का था। मोरोक्कन जेल्लाबा, अरब हिज़ाब, काहिरा की गलियाँ, स्पैनिश क्रूसेड्स बोलने का था। दिन में सपने देखने का था। जबकि स्कूल में भूगोल मेरा प्रिय विषय नहीं था। इसमें सरासर ग़लती सिस्टर रोज़लिन की थी। सिस्टर रोज़लिन हमें भूगोल पढ़ाती थीं। उनके टखने नाज़ुक थे और उनके पाँव सुडौल। वो पतले काले फीते वाले सैंडल पहनती थीं और उनके सफ़ेद हैबिट के नीचे उनके टखने और पाँव नाज़ुक सुडौल दिखते थे। जब वह टेम्परेट और मेडिटेरानियन क्लाइमेट पढ़ाती थीं मैं उनके पाँव और पतली कलाई और लम्बी उँगलियाँ देखती थी।

माँ सुबह रोटियाँ बेलते वक़्त गाने गाती थीं। बाँग्ला गीत, चाँदेर हाशी या फिर भोजपुरी लोकगीत, कुसुम रंग चुनरी या फिर फिल्मी गाने, रहते थे कभी जिनके दिल में। माँ काम करते वक़्त गाने गाती थीं। माँ चूँकि दिनभर काम करती थीं, हम दिन भर उनके गाने सुनते थे। उनकी आवाज़ में एक खनक थी। उनकी आवाज़ तहदार थी और पाटदार। मुझे लगता था उनकी आवाज़ पतली क्यों नहीं ? मैं कई बार रात को प्रार्थना करती, सुबह उठूँ तो उनकी आवाज़ पतली हो जाए या फिर मैं अपने कश्मीरी दोस्त की तरह गोरी हो जाऊँ। बहुत बरस बीतने पर यह मेरी समझ में आना था कि माँ की आवाज़ बेहद ख़ूबसूरत थी, उसका एक अपना कैरेक्टर था, अपना वज़न और जो अपने आप की कहीं भी पहचान करवा सकता था। उस आवाज़ में एक ख़राश भरी लय थी, लोच था जो लम्बी तान में चक्करघिन्नियाँ खा सकता था, बिना टूटे, बिना बिखरे, जो कहीं दूर वादियों से उदास झुटपुटे की महक ला सकता था, जिसमें दिल मरोड़ देने वाली चाहत की प्रतिध्वनि थी। मेरे पिता माँ की उस आवाज़ पर कैसे फिदा हुए होंगे ये समझना बेहद आसान था। पर ये सब भविष्य की बातें थीं।

माँ दिन में एक घंटा सोती थीं। तब हम दूसरे कमरे में होते जहाँ किताबें ही किताबें थीं। चौकोर भूरे दस लकड़ी के बक्से जिनको हम कभी पिरामिड की तरह सजाते, कभी एक के ऊपर एक रखते। चार नीचे फिर उनके ऊपर तीन फिर उनके ऊपर दो और सबसे ऊपर एक। सबमें किताबें सजी होतीं। बालज़ाक, प्रूस्त, ज़ोला, फ्लॉबेयर, इलिया कज़ान, लॉरेंस, इनके साथ–साथ महादेवी, रेणु, निराला, प्रेमचंद। बरसात के दिनों में गीले कपड़ों की महक इन किताबों में बस जाती। आज भी बरसात की महक से उन किताबों की महक आती है। पेट के बल लेट कर किताब पढ़ते थक कर सो जाते फिर माँ के गाने की आवाज़ से नींद खुलती। माँ शाम के खाने की तैयारी में लगी होतीं। बाहर

धुआँ होता या फिर शायद रात घिरने को आती। लैम्पपोस्टस पर बल्ब के चारों ओर लहराते पतिंगो का गोला होता और झींगुरों की हमहम होती। हमारे सब साथी छुट्टियों में गाँव गए होते और अचानक शाम घिरते हम मायूस उदासी में डूब जाते। बैरोमीटर, टूटे थर्मामीटर का पारा, ग्लोब, सब अलमारी पर असहाय अकेले रखे होते। बिना संगी के, सिर्फ़ एक दूसरे के साथ से हम अचानक ऊब से भर उठते। माँ के गाने में भयानक उदासी होती। हम चुप खिड़की के शीशे से नाक सटाए अँधेरे में आँखें फाड़े देखते, शायद पिता, जो महीने भर के लिए बाहर थे, आज आ जाएँ। आज ही आ जाएँ।

माँ दूध में रोटी डालकर पका देतीं। दूध ज़रा सा किनारों पर जल जाता और रोटी भीगकर मुलायम हो जाती। घर में सोंधी ख़ुशबू फैल जाती। खिड़की के बाहर अमरूद के पेड़ की डाली शीशे से टकराती। माँ कहतीं जल्दी खाना खा लो फिर हम बाहर बैठेंगे। रात की हवा गर्मी भगा देती और हम खटिया पर चित्त लेटे तारों को देखते। माँ धीमे-धीमे गुनगुनातीं। फिर कहतीं बस अब बीस दिन और। फिर कहतीं गर्मी अब कम है। हम दोनों माँ को देखते फिर चुपके से हँसते। पिता ने वादा किया था कि इस बार बड़ा ग्लोब लाएँगे, जिसमें छोटे शहर और नदियाँ और पहाड़ भी दिखेंगे। हम चाँद को देखते और हमारी आँखों में नींद भर जाती। रात किसी वक़्त, जब शीत गिरती और हम ठंड से सिकुड़ जाते, हमारे पैर हमारी छाती से जुड़ जाते, माँ हमारे शरीर पर चादर डाल देतीं और दुलार से हमारे बाल सहला देतीं। हम नींद में मुस्कुराते और अस्फुट बुदबुदाते, शायद समोआ और तिमोर और लीमा।

खेल-खेल में

बच्चा अकेला खड़ा है। सामने मैदान में दूसरे बच्चे खेल रहे हैं। बच्चा शामिल होना चाहता है खेल में। पर पहल करने की हिम्मत नहीं है। किनारे खड़ा ललक भरी आँखों से देखता है कोई बुला ले। दूसरे बच्चे मगन हैं। कोई एक बार इसकी ओर देखता भी है तो थोड़ी जिज्ञासा से एक उड़ती नज़र से। सब अपने गुट में सुरक्षित हैं।

ऊपर बालकनी से माँ देखती हैं बच्चे को। बुदबुदाती हैं, दोस्ती क्यों नहीं कर लेता ये जल्दी से। वे नये आए हैं यहाँ। बस दो-तीन दिन ही तो हुए। दो दिनों से बच्चा शाम को बालकनी में लटक जाता था। नीचे खेलते बच्चों के

शोर-शराबे वाले हुल्लड़ को जी मसोस कर देखता था। माँ के कहने पर कि नीचे चले जाओ ना, के जवाब में बॉर्नविटा पीता अच्छे बच्चों सा मुंडी डुलाकर बोलता, आज नहीं कल।

आज हिम्मत बाँध कर नीचे गया है। माँ ऊपर से देखती हैं। छोटा सा, पतली गर्दन वाला, नन्ही पर उतरी चिड़िया हो जैसे। निकर के नीचे पतली टाँग। दुबला- पतला पर ओह कितना प्यारा। माँ का दिल भर जाता है। लगता है कैसे इसका अकेलापन दूर कर दें। पिता आ कर माँ को बाँहों के घेरे में भरकर अन्दर ले जाते हैं। चलो चाय पीयें। माँ चाय पीती हैं, पिता की बात पर हँसती भी हैं पर जी अटका है बाहर मैदान में।

कुछ देर बाद मौक़ा पाकर, पिता की आँख बचाकर झाँकती हैं। शाम के धुँधलके में कुछ नहीं दिखता। किनारे खड़ी कोई छाया भी नहीं। साँस भरकर अन्दर आ जाती हैं। पिता जानकर आँखों से भाँपकर देखते हैं, कुछ कहते नहीं। आधे घंटे बाद घंटी बजती है। दरवाज़े पर बच्चा खड़ा है। उसकी एक आँख काली पड़ गई है। टीशर्ट की बाँह फट कर नीचे झूल रही है। मोज़े गिरे हुए हैं। घुटने छिले हुए हैं। बच्चा माँ की भौचक परेशान निगाह को बरजता अन्दर विजयी भाव से घुसता है, आज मैंने बहुत से दोस्त बना लिए...

समाजीकरण का एक और अहम पाठ बच्चा सीख आया है। माँ को ख़ुश होना चाहिए पर जाने क्यों दुखी हो जाती हैं।

सोने के नथ वाली मछली

धुएँ का मोटा बम्बा आँगन के आसमान को उमड़-घुमड़ ढक रहा है। मुँह में, आँखों में उसके कसैलेपन से पानी आता है। पीछे आँगन में कुन्नी का चूल्हा जब तक जलता नहीं बरामदे तक ऐसे ही रोज़ धुआँ-धुआँ शाम होती। अम्मा आँखों में कड़वाहट भरे चूल्हे के पास चुकु-मुकु बैठतीं। लकड़ी के बुरादे को ठोंक-ठोक कर चूल्हे के पीपे में भरा जाता। ये रोज़ शाम की क़वायद थी। आँगन के कोने पर चाँपाकल वाले चबूतरे के पास तुरत मांजे बर्तनों का चमचमाता ढेर सजा रहता, कड़ाहीं और देगची पर मिट्टी का लेवा लगाकर मुनिया की माई करीने से उलट कर क़तार में सजा कर जाती। जब तक माई बर्तन माँजती तब तक मुनिया बहती नाक और झोलंगी फ्रॉक पहने कोने में पीढ़े पर बैठी गोल-गोल ढेले सी आँख से टुकुर-टुकुर ताकती। अम्मा लगभग रोज

कांसे की कटोरी में लाई-चना उसे पकड़ातीं जिसके बाद अगले दस मिनट तक मुनिया पूरे मनोयोग से अपने मूड़ी को कटोरे में गोत लेती।

बाबू शाम को अपनी टुटली साइकिल पर कैंची चलाता पिछवाड़े दरवाज़े से बाउजी की आँख बचा कर दाख़िल होता। अम्मा उदास आँखों से उसे देखतीं, बुदबुदातीं...जाने कब सुधरेगा। दिन में किसी वक़्त शर्मा मास्टर साहब बता गए होते कि बाबू पिछले तीन दिनों से स्कूल नहीं आया।

बाबू पिछले तीन दिनों से बुची बाबू के बग़ीचे के पोखर में डुबकी मार रहा है, करौन्दा तोड़ रहा है, हरी टहनी में सुतली पिरा कर मछली पकड़ रहा है। किसी पेड़ के नीचे छाँह में उतारी क़मीज़ से मुँह ढके औंधे मुँह झपकी मार रहा है। शाम को बदन मरोड़ता भोला चेहरा बनाए घर में घुसते ही निम्मी पानी पिला, थक के आए हैं के गुहार से अपने ख़ूब पढ़वैया होने की ऐलानिया डुगडुगी बजाता है।

आज बाउजी हाथ-गोड़ तोड़ेंगे, अम्मा हारी हुई हैं, निम्मी डरी-दुबकी है। रात सच में बाउजी बेंत से बेमत्त पीटते हैं। अम्मा अन्त में बर्दाश्त न कर पाने की हालत में बाउजी के बाँहों पर झूल जाती हैं। निम्मी किवाड़ के पीछे से झट भाग के आती है। बाबू इतनी पिटाई को मुँह भींचे शहीदी बहादुरी से अब तक झेलता अम्मा की छाती से लगते ही हिलक कर रोने लगता है। बाउजी होंठों के कोरों से बह आए ग़ुस्से के झाग को आस्तीन से पोंछते निकल जाते हैं। अब रात में देर से लौटेंगे।

अम्मा रोते-डाँटते बाबू की पीठ पर मार से उभर आए निशानों पर हलदी लगाएँगी, बाबू भी सुबक-सुबक रोएगा।

रात में खटिया पर लेटे, छत की कड़ी ताकते और खपड़े के छत के फाँक से झाँकते अंजोरिया रात के तारों को निहारते बाबू शेखी बघारेगा, अरे बाउजी की मार भी कोई मार है। देख निम्मा। अपनी बाँहों की मछलियाँ निम्मा को दिखाएगा। दो साल में बाउजी से ज़्यादा ताक़त आ जाएगी फिर देखना कैसे बाउजी बेंत उठाते हैं। निम्मी अविश्वास से मुँह बिचकाएगी तब इतना रो काहे रहे थे... ? बाबू खिसियानी हँस कर बात मोड़ देगा। बुची बाबू का बग़ीचा जो चारों ओर ऊँचे बाड़ से घिरा है उसमें चौकीदार की आँख बचाकर घुस जाने की बहादुरी के क़िस्से सुन निम्मा हैरान होगी, पोखर तो कोई रहस्यमय पोखर है। सुना उसमें कोई दसेक किलो की मछली है जिसकी सोने की नथिया चमचम चमकती है।

हाँ रे बाबू सच देखा तुमने ?

हर बार सोने के नथ वाली मछली कुछ और बड़ी हो जाती है, कुछ और वजनदार हो जाती है। बाबू निम्मा की मछली सी आँख में अपने लिए ख़ूब श्रद्धा देखता रात की मार भुला जाता है। सचमुच।

उलट-पलट कोलाज किधर

लाल लाल मिट्टी...सब लाल...सुबर्नरेखा...सर्पीली धार...अलस्त...मस्त... मुर्गा लड़ाई... मड़ई...बढ़ई...हड़िया ...बासी भात...सूखी मछली...बिसाईन बिसाईन गंध...फिर लाल लाल मिटी...सूखे पत्ते...टेसू के फूल...फूलगेंदवा चमके...सफेद सफेद दाँत...काले सुचिक्कन चेहरे...फक्क-फक्क हँसी...अब भी अब भी...रात भर...दिन भर...तेज़ कटार धूप...झुलसा...धरती...आँगन...मन...हाय रे मन।

हरा सब...सब...सब...बीड़ी की लौ...रात अँधियारी...पूनम की रात...बोलता सियार...अझल देहात...ट्रेकर पर लाउडस्पीकर...नगपुरिया गीत .... वोट दो...वोट दो...निर्मला मुंडा को...वोट दो वोट दो...चर्च का क्रॉस...गॉस्नर कॉलेज...चोगे में फादर...खुली जीप...अमरीकी डॉलर...ऑवर लेडी फातिमा...निर्मल हृदय...सचमुच!

जंगल...जंगल...चीत्कार...हाहाकार ..बन्द पिंजड़े में...कैद...कौन...पानी में मछली...जंगल में शेर...शेर शेर बब्बर शेर... फिर जलता अलाव...भुनता है मुर्गा...नारंगी बोतल में...देसी ठर्रा...हड़िया में हड़िया...झूम-झूम नाच...लाल पाड़ साड़ी...छापे की साड़ी...टेरलीन का बुशर्ट...प्लास्टिक की चट्टी...सोनमनी सोनमनी...ओ सोनमनी...चल मिल के गायें...गोदना रचायें...किधर गया घोटुल...इन्द...मेला...ओझा गुनी...पीसे पत्ते और जड़ी बूटी...कादो सटे पैर की बिवाई...फक्क-फक्क फतिंगा...छाती पर चककर...घूमा माथा...मंदिर पर काहे गाये...जय माता दी...छाती फटी ...दुनिया हटी...सूरज देवता...ओ देवता...तू भी गया...बिसार दिया सब...बुझ गया...आखिर...अंतिम धुँआ।

अंत में...अंत में...सिर्फ पैर नीचे...चुरमुर सूखी झरी पत्ती...सिर्फ सूखी झरी...सन्नाटे...दोपहर में...बंसी की ऊपर नीचे होती लड़ी... जोहार...जोहार।

पेंटिंग के पीछे

कमरे में धूप की नदी बहती थी।

चितकबरा दौड़ता आता था। उसकी बायीं आँख पर एक काला पैच था। जैसे शैतान दिन-रात किसी लड़ाई-भिड़ाई से ब्लैक आई लेकर विजयी लौटा हो। आँख की चमक ऐसा ही बताती थी। धूप के उस नर्म टुकड़े में पहले लोटता फिर मिचमिची आँखों से उस रौशनी के गोल धब्बे का पीछा करता जो दीवार पर उड़ते पर्दों के खेल में ऊपर-नीचे भागता फिरता काँपता-सिहरता। फिर अपनी झबरीली पूँछ के पीछे पड़ता मुड़ता दौड़ता गोल-गोल अनगिनत चक्करों में। आह्लाद की आवाज़ उसके गले से लगातार निकलती। इस खेल में अन्ततः हार कर पँजों पर सर टिका कर बैठ जाता। चित्तकबरे की आँख मुन्द जाती। उसकी गुलाबी सुबुक जीभ बाहर निकल जाती।

कमरे से आवाज़ आती है रटने की...अ लो हमिंग ड्रोन द ट्रीटी ऑफ़ सॉलसेट एंड बसीन। बच्ची इतिहास रट रही है। चितकबरा आशाभरी याचना से एक बार बच्ची को देखता है फिर निराश होकर आँखें बन्द कर लेता है। औरत आती है चुपचाप गद्‌देदार कुर्सी पर बैठ जाती है। कुर्सी की बाँह का एक हिस्सा घिस कर महीन हो गया है। वहीं जहाँ औरत हर बार अपनी बाँह टिकाती है। लकड़ी के गोल फ्रेम में कसे वॉयल के कपड़े पर रेशमी धागे से औरत महीन नफ़ीस कसीदाकारी करती है। साटन स्टिच के फूल, लेज़ी डेज़ी पत्ते, क्रॉस स्टिच के बूटे, स्टेम स्टिच की शाखें पूरी की पूरी बगिया कपड़े पर किसी जादू से जीवित होती जाती हैं। औरत के चेहरे पर एक स्थिर संतोष है, एक महीने ख़ामोश मुस्कुराहट का आभास।

कमरे में धूप की नदी बहती है।

बाहर दिन एक गर्माहट में बीतता है। छाँह में मजदूर औरतें रोटी खाती हैं थकी-हारी। बच्चे भारी बस्ता लटकाए लौटते हैं स्कूल से। कैनवस के रुखड़े सरफेस पर मैं उँगली फिराती हूँ। चितकबरा बिलकुल वैसा ही बना है जैसा मैंने देखा था।

सपना सपना सपना

कछुये का खोल में दुबक जाना ही सब कुछ है? बच्चा पूछता है। या फिर गीली

मिट्टी में जो चेरा रेंगता है और पीछे चिपचिपी लसेदार चमकीली रेखा खींचता है, वह रेखा कहाँ जाती है? बोतल में बन्द जुगनू की रौशनी की बैटरी कब तक चलेगी? धूप की जो गर्मी मेरे चेहरे को अभी छूती है वो कब चली थी, सूरज से? तब जब मैं नहीं था? ये दुनिया भी नहीं थी? तब क्या था? सपना था? मैं सो जाता हूँ तब दुनिया कहाँ चली जाती है? जहाँ भी जाती है फिर कितने बड़े पहिये होंगे जिन पर सवार फिर फट से वापस भी आ जाती होगी? नहीं? अभी आँख बन्द करूँ तो ग़ायब। फिर चालाकी करूँ? जब दुनिया सोचे कि अभी तो सोया है, फ़ुरसत है तभी पाजी बन तुरंत अहा तुरंत आँख खोल दूँ? तब इसका मतलब दुनिया के आने जाने का स्विच मेरे पास। उबासी लेता बच्चा सोचता है। अब नींद आती है लेकिन मिनट भर में खोल दूँगा...यही सोचता-सोचता उतर जाता है कंबल के गर्म खुरदुरे अँधेरे में।

कछुआ अपनी गर्दन लम्बी करता है एक बार दाएँ और एक बार बाएँ देखता है फिर मूड़ी गोत कर सामने चलने लगता है। खरगोश अभी तक पेड़ के नीचे कच्ची नींद में बेहोश ढुलका पड़ा है। बच्चे के मुँह से लार की एक तार ठुड्डी तक लटकती है। उसके आँखों की पुतलियाँ बन्द पलकों में नाचती हैं और धीमे से एक उल्लास उसके होंठों को छू जाता है। कछुआ चलता जाता है सोचता जाता है ये मेरा सपना तो नहीं।

ऐनदर मिलियंथ टाइम

मिस्टर स्पॉक पढ़-पढ़कर सब कंठस्थ हो गया था फिर भी बउआ के नवजात मसले फूल से गाल और चमकीले रेशमी बाल को देख मन आह्लाद और आशंका से भर जाता। उसकी बँधी मुट्ठियों में अपनी कानी उँगली पकड़ा देने का सुख अब जाकर मन में कहीं ठहर गया हो। अ शिप इन ऐंकर।

जब पैदा होता था डॉक्टर मुकर्जी ने कहा था, बेटा हुआ है। मन बेटी के लिए हुमसता था। तीसरे महीने से ही विंडो शॉप्स में लटके फ्रॉक पर मन अटक जाता। पोल्का डॉट्स के गुलाबी झबले, कढ़ाई वाले आसमानी स्मॉक्स, स्मोकिंग वाले पीले रैप्स, लेस वाली बूटी, कैप्स अल्लम-गल्लम। अब डॉक्टर कहती हैं बेटा हुआ है। स्पाईनल एनेस्थेसिया के ख़ुमार में मैं पूछती हूँ बेवकूफाना सवाल, 'आर यू श्योर?' खडूस स्पिंस्टर डॉक्टर कड़ी होकर कहती है, 'ऐज़ श्योर ऐज़ आई कैन एवर वी।' फिर रुखाई के कॉम्पेनसेशन में मेरे गाल

थपथपा कर मुस्कुराती है, 'योर बेबी इज़ डूइंग फाइन। हाँ डूइंग फाइन, सच। ऐसी बुलंद रुलाई।'

एड़ियों से उल्टे लटके गोल गाल चेहरा भींचे मुट्ठी बाँधे लाल रुलाई। कितना प्रोटेस्ट दुनिया में आने का। नर्स तुरंत बच्चे को ले जाती है। मैं रिलैक्स करती हूँ, मन भी शांत। सब टेंशन ख़त्म। कुछ एनेस्थेसिया का कमाल है, हैलूसिनेट करती हूँ, रंगबिरंगे वृत्त हवा में तैर रहे हैं। मैं हलकी सब हलका मधुर। कैसा अजब खुमार। लूसी इन द स्काई विद डायमंड्स।

सफ़ेद कपड़े में लिपटे गुलाबी गोल चेहरे के गाल को आहिस्ता एक उँगली से छूती हूँ। बेटा टुकुर-टुकुर देखता है, फिर छोटा नन्हा मुँह खोल जम्हाई लेता है। कनपटी पर, माथे पर चमकते रेशम की रेखा है। अ ब्रुइज़्ड फ्लावर। मेरी छाती दरकती है। फिर मैं टूटती जाती हूँ किसी अनाम रुलाई के वेग से पूरा बदन हिलता है। कनपटी से अनवरत बहते आँसुओं को देख कर नर्स घबड़ा कर पूछती है, ज़्यादा तकलीफ़ होता क्या? इक्कीस-बाईस साल की नई ट्रेनी नर्स है। क्या समझेगी माँ बनना क्या होता है। अब मैं मुस्कुराती हूँ। मैं, चौबीस साल की ताज़ा नवेली माँ, अचानक बड़ी समझदार दुनियादार हो जाती हूँ, अपनी नई पदवी के भार से अचंभित आह्लादित। छाती का भार कैसा सुखद भार है। बउआ के होंठों के कोर से दूध की एक बूँद थरथरा कर लटकी है। नवजात की मीठी ख़ुशबू, बेबी पाउडर की गमक, दूध की सोंधी महक से तरबतर...नींद में दो बार उसके होंठ चलते हैं, आँखों की पुतलियाँ बेचैन पोपटों के नीचे थरथरा कर स्थिर होती हैं और कोई दिव्य मुस्कुराहट सी चेहरे पर पसर जाती है। मेरा दिल भर आता है। इस नये प्राणी को इस धरती पर लाने का चमत्कार।

कलाई में नस में धँसे आई वी की सूई, एनेस्थेसिया के असर से तीखी उबकाई, सिजेरियन के कटाव का पोर-पोर दुखता घाव, पपड़ियाए होंठों और मोटे हुए जीभ की मोटी धँसी बेचैनी...सब तिरोहित हो जाता है। ऊपर धीमे घूमते पंखे के डैनों में, बाहर गंगा किनारे पेड़ों पर चहचहाती चिड़ियों के शोर में, अपने बगल में सोये इस नवजात में जीवन का क्रम एक बार और अपना पार्ट खेलता है।

कहीं दूर कोई मुस्कुराता है...खेल का नया सीन अनफोल्ड होगा, नये पात्र नई कहानी...देखें इस बार क्या मोड़ लेगा ये खेल, कुछ नया सुहाना अप्रत्याशित? ठुड्डी पर उँगली टिकाए इंतज़ार करता है...अनदर मिलियंथ टाइम?

कोई ऐसे भुलाता है क्या?

मिट्टी क्या रोड़ा ही था, सब तरफ़ लाल-लाल, ख़ालिस धरती का रंग, धूसर मटमैला नहीं बस ऐसा जैसे अभी अभी पैदा हुआ नवजात छौना कोई। साँझ के धुँधलके में पत्तियाँ झर रही थीं। पंछियों का कलरव था। ऐसे शैतान जैसे अभी टूट पड़ेंगे। लेकिन एक पल था और अगले निर्बाध शांति। जैसे सब बिला गए हों किसी खोह गुफा में। और मैं रात का स्याह घूँट भरती एकदम अकेली थी इस संसार में। बस एकमात्र जीव। मेरी छाती धड़कती थी। ऐसा ही कुछ महसूस करते होंगे पूर्वज जब बिछड़ जाते होंगे समूह से। जंगल तब घेर लेता होता। देता होगा कोई सुकून, अपनी नर्म पत्तियाँ, थोड़ी सी नमी और मुलायम अँधेरा। पसीने की बूँद टपक जाती होगी छातियों से नाभि तक। सदियों के अन्तराल को पलक छपकते वही बूँद पार कर लेती है। रोक लेती हूँ उस अनचाहे बूँद को अपने शरीर पर।

'कहाँ जात हिस रे...' की टेर फँसती है पेड़ों के बीच, झाँकती हैं दो छायाएँ, 'अरे छउआमन...' फिर भौचक रुकती हैं, 'कौन?' प्रश्न टँगता है, भिनभिनाता है मच्छरों फतिंगो संग। दो अँधेरे चेहरे में चमकती उजली आँखों की कौंध।

पीछे से टॉर्च की रौशनी पड़ती है। 'आप यहाँ हैं फुआ। हम समझे भुला गईं।' पकड़ कर मेरे कन्धे तक पहुँचता बच्चा घेर लेता है स्नेह से मेरी बाँहें। 'चलिए घर चलते हैं।' मैं आज्ञाकारिणी बनी चल देती हूँ बच्चे के साथ। पकड़ लेती हूँ उसका हाथ कस कर। उसे क्या पता उसकी फुआ सचमुच भुला गई थी।

यहीं कहीं मेरी स्मृति में

मेरा शहर पहाड़ी रास्तों का शहर था, लाल मिट्टी का शहर था। नीले आसमान और हरे पत्तों का शहर था। कुहासे में डूबे थरथराते रौशनी की पीली फीकी रंगत में भाप उड़ाते लाल गाल वाले बच्चों का शहर था। घरों के टूटे काई लगे बरामदों में निवाड़ की चारपाई पर काली आँखों से बिटर-बिटर ताकते बूढ़ों का शहर था जिनके चेहरों से सदाशयता टपकती थी बेहिसाब समय की तरह, जो किसी भी राह चलते राहगीर से हाल पूछ सकते थे इस आश्वस्तता के साथ कि कोई जवाबी मुस्कुराहट हुक्के की गर्माहट भर देगी हाथों में, बलगम धँसी

छाती में। ढेरों लकीरों में जीवन की अनगिनत सालों की कहानी कौन जाने कौन सुनेगा कि नहीं। और कोई सुन लेगा तो पोपल हँसी की उजियारी चमक अब भी कौंध जाएगी। मेरा शहर सुस्त रफ़्तार का शहर था, हर समय लॉन्ग स्लो मोशन में फिल्माया गया सिनेमा, सीपिया रंगों में जैसे बिसरी स्मृति दिखाते हैं बस वैसे। मेरा शहर शहर था जीवन था समय था। मेरे जैसे कितनों का एक हिस्सा समय। मन में बसा...स्टिल फोटोज़ के फ्रोज़ेन मोमेंट्स।

और अब मैं खोजती हूँ शहर को। कहीं भी नहीं वह शहर। जहाँ है वहाँ भी नहीं वो शहर। रेलवे स्टेशन पर फलों की पेटियों से निकले पुआल के गट्ठर और व्हीलर की काठ की बुकस्टॉल में सजे बेस्टसेलर, एकाध एलिया कज़ान और ग्राहम ग्रीन और शायद फटी पुरानी हाईनरीख बोल, कोई एक गुनाहों का देवता की डॉग इयर्ड कॉपी? काले कनकट्टे कुत्ते की शातिर चालाकी और भूरी बिल्ली का अलस चौकन्नापन? इनमें भी नहीं मेरा शहर। पसरे रेलवे ट्रैक के रोड़ों पर दूर जाती लाइन का जाल खोता-खोता है किसी साल वन में। मोटे धारीदार गिलास में दूध वाली खौलाई चाय को दोनों हाथ से पकड़े सुड़कती हरी बेंच पर ज़रा से धूप के टुकड़े में गरमाती, जान लेती हूँ उसी अजीब निस्पृह उदासी से। अब मेरा शहर कहीं रहा नहीं।

दिदिया तू कितनी अच्छी है

कैसी ख़ुशबू उड़ती थी जानमारू। कितनी बार तो झाँक-झाँक गए। टोह में। पर न कोई सुनगुन न कोई नामोनिशान। बल्कि हर बार खदेड़ दिया गया बाहर से ही। एक ही बार आना जब बुलाएँ। यूँ दिक न करो। ठिसुआए मुँह बैरंग वापस। मन-ही-मन पक्का निश्चय करते कि अब न आएँगे। पर उड़ती ख़ुशबू खींच लेती और तमाम पक्के-कच्चे इरादे छन्न से भाप बन उड़ जाते। जाने सुबह से क्या आयोजन हो रहा था। भूख पेट में सेंध मारती थी गुपचुप। नहाए धोआए पीढ़े पर बैठे थे कब बुलव्वा हो जाने। अम्मा ईया, चाची फुआ यहाँ तक कि दिदिया और बदमाश मनी भी कहाँ अन्दर ग़ायब थी। मनी तक को बुलाओ तो अभी नहीं बाद में कह फिर अन्दर ग़ायब। लाल-पीले पाड़ की साड़ियाँ, बड़ी-बड़ी लाल लाल बिन्दी, छमछम चूड़ी। दिदिया कैसी सुंदर-सलोनी लगती है। मनी तक छोटके चाचा के ब्याह में सिलाया हरा लहंगा पहन इठला रही है, बदमाश कहीं की।

बाहर बरामदे पर बैठे डल्लन के घर की मुर्गियाँ निहारने के अलावा और क्या करें। कारू ही आ जाए तो लट्टू ही खेल लें कुछ देर। आज अम्मा कहाँ मना करेगी। मेरी फ़ुरसत हो तब तो। नीचे का होंठ मान में लटक गया। ये पीला कुर्ता और उजला पजामा अलग जी का जंजाल है। अम्मा ने ख़ास चेताया है, ख़बरदार जो गंदा किया। बाबूजी बाबा बड़के चाचा सब ऐसे तैयार बैठे हैं जैसे कहीं जाना हो। पर खटारा गाड़ी तो पीछे के शेड में बन्द है, फिर? ऐसे भी गाड़ी में कुनबा निकले तो कारू और मंगल, हरि और राघव सब मुँह छिपाए खटारा फियेट पर हँसते हैं ऐसा डर हर बार सताता है। बड़ी शरम आती है तब। इससे अच्छा तो रामजीत का रिक्शा है। कैसी फरफर हवा मिलती है और हैंडल से लगा बड़ा सा आईना जिससे जाने कितनी ललरिया फुदनिया लटकती हैं, उसमें अपना चेहरा कैसा बुलंद भी तो दिखता है। सारी दुनिया का नज़ारा दिखता है सो अलग। पूछ लें क्या बाबा से, निकलना है क्या, बुला लाएँ नुक्कड़ से रामजीत को? पर पहले कुछ खा तो लें। कब बुलाएँगी जाने ये अम्मा भी।

पीछे के दरवाज़े से अन्दर आँगन में घुसते ही दिखती हैं परात में लाल-लाल खस्ता कचौरियाँ। एक उँगली धरो तो ऊपर का हिस्सा कुरमुरा के टूट जाए। आलू-मटर की रसेदार तरकारी के साथ अभी मिल जाए तो क्या कारू से जीती हुई गोलियाँ? फुआ की नज़र उस पर पड़ जाती है। उफ़्फ़ अभी फिर निकाल बाहर करेंगी। पर नहीं। अबकी फुआ हँस कर उसे भीतर खींच लेती हैं। एक तरफ़ आँगन में गोधन की कुटाई हुई है, पूजा का सब सामान अब भी पड़ा है। आ रे...सुमी और मनी टीका लगा लें, प्रसाद खिला लें। अम्मा हाथ में धरती हैं सिक्का, टीका लगाएँ तो हाथ पर रख देना बहनों के। दिदिया को दें सो तो ठीक पर मनी को? कैसे इतरा रही है। बाद में इसी सिक्के से जलाएगी उसे। लड़की होने के कितने फ़ायदे हैं।

कचौरी का पहला गस्सा दिदिया उसके मुँह में डालती हैं। खा लेगा अपने से? थाली अपनी गोदी में खींचते कहता है, 'खा लेंगे, तुम सिर्फ़ बाद में मिठाई खिला देना हाँ।' दिदिया उसके बाल बिखेर देती है फिर सटा कर छन भर, हँस कर परे धकेल देती है। माथे पर अक्षत और रोली का टीका चुनचुनाता है सूखकर।

लास वेगास के चकमक रास्तों में चित्तकोहड़ा की तलाश

कल वो अमेरिका से वर्षों बाद दीवाली पर पटना पहुँचे। बचपन शिवपुरी,

चित्तकोहड़ा के आसपास बीता। घूमते रहे गलियों में, बाज़ार में। खोज-खाजकर घर ढूँढ़ निकाला। जो देखना चाहते थे नहीं दिखा, जो दिख रहा था आँखें उसे देख नहीं पा रही थीं। अपनी व्याकुलता की कथा सुनाते रहे। लास वेगास के चकमक रास्तों में चित्तकोहड़ा की धूल भरी गलियों को तलाशते हैं। कैसे बताएँ क्या ढूँढ़ते हैं क्या आँखें साफ़ शफ़्फ़ाक देखती हैं। जब चिकनी सड़कों पर लम्बी गाड़ियाँ फिसलती हैं, मन लौटता है उस गली जो अब सिर्फ़ स्मृति में महफूज़ है। उनकी बेकली शब्दों को पार कर उफन रही थी। कसीनो की जगमग, रौशनी और चकमक। छोटे दुकानों पर आलू और चावल की बोरियाँ, दस साल और बुढ़ा गया वही नाख़ुश टेलरमास्टर, एक-एक कपड़े के लिए कितना दौड़ाता था, आज देख-पहचान कैसा ख़ुश हो गया। भिनभिनाती मक्खियों के ढ़ेर, बजबजाती नालियों से सजी धूल भरी सड़क, सड़क के बीचोबीच पगुराती गाय, ऑटो, रिक्शे की गजर-मजर। आह यही है होमकमिंग। मोहल्ले का सबसे शानदार घर अरे उसी आनंद का, पढ़ता था जो एक साल आगे, उफ़्फ़ कैसा जर्जर हुआ आज। एक ग़ुस्सा कौंधा। क्यों नहीं सब वैसा ही रहा जैसा मन में साबित साबुत है। कैसी दुखदायी टीस। क्या छूट गया पीछे क्या मिलेगा आगे। छोटे-छोटे टूटे वाक्य। वही क्लीशेड इमोशंस। बार-बार उस अजब से दुख को पकड़ लेने की नाकाम कोशिश में अटके शब्द। आवाज़ में अजीब हैरानी। कुछ न समझ आने जैसी ग़ज़ब सी बात।

क्यों हम हमेशा एक तलाश के ग़ुलाम होते हैं। भौगोलिक दूरी को तो कभी पाट भी लेते हैं, समय की दूरी का क्या करें? कैसे लौटें, कुछ दिन पहले, कुछ महीने पहले, पिछले साल, पिछले कई बरस? हाय! मन इतनी चीज़ों को क्यों सहेज रखता है। कोई ब्लैकहोल, कोई ट्रैश बिन कहाँ है जहाँ ये स्मृतियाँ गड़प से बिला जाएँ?

एक उम्र पर आकर शायद हम सिर्फ़ पीछे लौटते रहते हैं। जितना हम वर्तमान में जीते हैं उतना ही अतीत में लौटते हैं। बढ़ती उम्र के साथ ये लौटना डाइरेक्टली प्रोपोर्शनल होता है। मेरे शब्द भी ऐसे ही टूटे-फूटे से थे। उनकी हाँ में हामी भरते। हम साथ-साथ चित्तकोहड़ा बाज़ार जो घूम रहे थे, घूम-घूम कर चकित हो रहे थे। अरे! अब भी बिलकुल वही का वही? नहीं? हमारे आह्लाद के पीछे-पीछे कंठ में एक रुलाई वाली टीस, मैं भी हूँ, जैसा कुछ याद दिला रही थी। मुझे भी पटना लौटे चार साल बीत चले हैं।

या देवी सर्वभूतेषु

पूरी सड़क गुलज़ार थी। काग़ज़ के रंगबिरंगे गुलाबी पीले हरे तिकोने हवा में लहरा फड़फड़ा रहे थे। लाउडस्पीकर पर फुल वॉल्यूम गीत बज रहा था। छुट्टन के क़ब्ज़े में होता तो 'सेक्सी-सेक्सी-सेक्सी मुझे लोग बोलें और निकम्मा किया इस दिन ने', बजने लगता और भोलाशंकर बाबू जैसे ही समझते कि बज क्या रहा है, तिलमिला कर पहुँचते और फट से भक्ति रस की धार फूटने लगती। माँ शेरांवालिए की मार्मिक पुकार साठ के ऊपर के लोगों में माँ के प्रति व्याकुल भक्ति का भाव प्रवाहित करती। इन सबसे बेख़बर बच्चों का छोटा झुंड पंडाल की ठीक ओट में बून्दिये के देग पर काक दृष्टि डाले बको ध्यानम करता। क्या पता कब प्रसाद वितरण का कार्य हो जाए।

लाल पाड़ की साड़ी, चटक ब्लाउज़ और कुहनी भर चूड़ियाँ पहने औरतें पूजा की थाल लिए माँ के दर्शन की प्रार्थी होतीं। ख़ूब लहलह सिन्दूर और गोल अठन्नी छाप टिकुली और खुले बालों की शोभा देखते बनती। पैरों में आलता, बिछिया, लाल लाल तलुये।

नई-नवेली लड़कियाँ, कुछ पहली बार साड़ी में। माँ से गिड़गिड़ा कर माँगी, फटेगी नहीं, सँभाल लूँगी के आश्वासन के बाद, भाभी के ढीले ब्लाउज़ में पिन मार कर कमर और बाँह की फ़िटिंग की हुई और भाई से छुपाके लिपिस्टिक और बिन्दी की धज में फबती, मोहल्ले के लड़कों को दिखी कि नहीं, इसे छिपाई नज़रों से ताकती भाँपती लड़कियाँ, ठिलठिल हँसतीं, शर्म कर दुहरी होतीं, एक-दूसरे पर गिरती-पड़ती लड़कियाँ। ओह! ये लड़कियाँ।

लड़कों की भीड़। बिना काम ख़ूब व्यस्त दिखने की अदा, ख़ास तब जब लड़कियों का झुँड़ पँडाल में घुसे।

अबे, ये फूल इधर कम क्यों पड़ गए, अरे, हवन का सब धुआँ इधर आ रहा है, रुकिये चाची जी अभी कुछ व्यवस्था करवाते हैं। अरे मुन्नू, चल ज़रा, पत्तल और दोने उधर रखवा।

जैसे ख़ूब-ख़ूब ज़रूरी काम तुरत के तुरत करवाने होते। जबकि पंडिज्जी ने जब कहा था इन के बारे में तब सब उदासीन हो एक-एक करके कन्नी काट गए होते।

ये तो दिन के हाल थे। जैसे-जैसे शाम ढलती, रौनक बढ़ती जाती। रौशनी का खेला, ढोल और शँख की ध्वनि, शिउली की महक, ढाक की थाप, भीड़ के रेले, माँ की सौम्य मूर्ति...या देवी सर्वभूतेषु शक्तिरूपेण संस्थिता...महिषासुर

का मर्दन करती हुई भव्य प्रतिमा, कैसे अजब जादू, कैसा संगीत जो शुरू होता है महालया के चंडी पाठ से। आरती और ढाकियों का नृत्य और फिर विसर्जन के बाद की मरघटी उदास शांति। जैसे छाती से कुछ निचुड़ गया हो ऐसा दुख।

लेडी बर्ड, मखमल का कीड़ा और खेल-खेल

(छुट्टी का अन्तिम दिन)

पिछले दरवाज़े के पार थोड़ी सी ज़मीन थी। उसके अन्त में तार के बाड़ के पार दूसरों का अहाता था। बाड़ से सटे सीमेंट के ढाले हुए बड़े पटरे बेतरतीबी से फिंके पड़े थे, जाने किस ज़माने से। फट्टों के बीच में घास की उबड़-खाबड़ पैदावार, कीड़े-मकोड़ों की ठंडी अँधेरी दुनिया, भूले-भटके गिरे सिक्के, टूटी चूड़ियाँ, इमली के बीज...माने एक पूरा संसार था। मेरी दुनिया में लॉस्ट एटलांटिस, खोया शहर! नम ठंडी मिट्टी की छुअन नींद तक में सिहरा देती। मेरी बौराहट सुनकर कितनी बार मुझे दुःस्वप्न से निजात दिलाने के लिए बेदर्दी से झकझोर कर उठा दिया जाता।

एक किनारे टी रोज़ की झाड़ी दुर्निवार बढ़ती जाती। रोज़ चाय की पत्तियों का खाद शायद इस बढ़वार के लिए ज़िम्मेदार थी। पड़ोसिनें रश्क-रश्क कर जातीं। पर आज मैं बैठी थी, भरी दोपहर में, अकेले। सबसे नीचे वाले फट्टे पर, सींक के टुकड़े से आड़ी तिरछीली लकीरें खींचती। हम आज सुबह ही लौटे थे वापस छुट्टियों के बाद। छुट्टी का अन्तिम दिन था। मुट्ठी से भरे खज़ाने का एक-एक करके ख़त्म होना। उफ़्फ़ कितनी उदास पीली दोपहरिया थी। न एक पत्ता न कोई चिड़िया का बच्चा। इन पटरों के बीच की दुनिया कितनी शीतल और सुखद थी तुलना में। उस मखमली लाल कीड़े के पीठ की तरह जो बरसाती दिनों में भीगी पत्तियों के बीच रेंगता दीखता। होड़ लगती माचिस की डिबिया में इकट्ठे करने की। कैसा जादू! आह! या फिर पतली सूई सी ड्रैगनफ्लाई जो चमकती धूप में एक चमकीली विलीन होती रेखा सी दिखती। ये सब बरसात में होगा, जाड़ों में होगा।

अभी, अभी क्या होगा? बस छुट्टी के ख़त्म होने का उदास उदास गीत होगा। गले से लेकर छाती तक कंठ को फोड़ता, सुबकियों सा हिचकता, रिसता। घर के अन्दर सब सोये हैं। आस-पास सब सोये हैं। वो बदमाश बिट्टू भी सोया है। और सामने के घर में पपली भी सोयी है। शाम होगी तब सब

जगेंगे। बगल वाले मनी भैया, दुष्ट अन्नू, प्रभा दीदी, पपली और उसकी छोटी बहन सुपली और बूनी। गुड़िया सी बूनी। सींक से मैंने लाइन पाड़ कर एक लड़की बनाई है, धूल में। दो चोटी वाली। यह मैं नहीं हूँ। मेरी दो चोटी नहीं हैं। मेरे बाल छोटे हैं, लड़कों जैसे। पर मैं चाहती हूँ कि मेरे बाल ख़ूब लम्बे हों, कमर से भी नीचे, माँ जैसे। माँ कहती है बड़ी हो जा फिर लम्बे रखना बाल। बड़े होने में अभी बहुत वक़्त है। बड़े होकर बहुत कुछ करना है। हर बात में माँ कहती जो है कि बड़ी हो जा फिर। बड़ी होकर मैं सिर्फ़ अपने मन का करूँगी सिर्फ़ अपने मन का। छुट्टी के बाद स्कूल नहीं जाने का मन न हो फिर भी जाओ जैसी बात किसी को नहीं कहने दूँगी। पटरे पर डूबते सूरज की तिरछी किरणें पड़ रही हैं अब। छुट्टी का अन्तिम दिन, अब कुछ घंटे ही बचे हैं। मैं इस ख़त्म होने की उदासी को उँगलियों से भींच लेती हूँ। मेरे होंठ रुलाई की याद में बनते-बिगड़ते हैं, गाल पर सूखे-पुँछे आँसू के लकीरों की तरह, मिन्नी-मिन्नी, कोई पुकारता है बाड़ से प्यार से। अन्नू, पपली-सुपली सब बुला रहे हैं। खेलने का समय हो गया। माँ भी पुकार रही हैं। मेरा मन अचानक आह्लाद से भर जाता है। इन दोस्तों को महीने भर बाद देख रही हूँ। कितना मज़ा आएगा छुट्टियों की कहानी सुनाने में। ख़रीदे गए दूरबीन दिखाने में, आँखें बन्द कर सो जाने वाली नीली आँख और सुनहरे बाल वाली गुड़िया दिखाने में, कल स्कूल के नये टीचर की बात करने में।

'आई, आई।' सींक फेंक कर, हाथ झाड़ कर मैं कूद पड़ती हूँ पटरों पर से। मेरी फ्रॉक पर मेरे साथ-साथ एक लाल पर काली बुन्दकियों वाली लेडीबर्ड मेरे खेल में शामिल हो जाती है।

माँ देखती हैं लड़कियाँ मगन चहचहा रही हैं, इक्खट दुक्खट खेल रही हैं। शाम के झुटपुटे में पंछियों का कलरव जैसे।

स्याही और सोख्ता और बाँस की खपच्ची की कलम

घर में आजकल एक नया इज़ाफ़ा हुआ है। दीवारों पर क्रेयॉन की चित्रकारी तो पुरानी बात थी। दाँत चियारे ये हरे यकबयक किस दीवार से लपक जाएँ ऐसा बन्द डब्बे से किसी मुक्के की सी डरा देने वाली भंगिमा की अब तक आदत हो चली है फिर भी सरप्राइज मिलता रहता है। खिड़कियों का शीशा रंगों के जानदार छींटों से दमकता है। कभी दीया, कभी अचानक कोई चट बैगनी

फूल, कभी तैरती मछलियाँ, कभी दो चोटी वाली चौखुट दाँतों वाली कोई दुष्ट लड़की। कुछ भी हो सकता है। ये कुछ भी हो सकता है वाला सस्पेंस मज़ेदार चीज़ है। नाराज़गी और ग़ुस्से को ज़ाहिर करते हुए, ये कुछ क्या है का सस्पेंस कौशल से छुपाना पड़ता है। कभी हँसी भी मुल्तवी करनी पड़ती है याद बाद के लिए जब बच्ची सामने न हो। हँस दिया तभी के तभी तब तो पूरा घर रंग जाएगा नहीं। रोका तो पूरा घर सूजा चेहरा लिए डोलती फिरेगा। हामी भर दी फिर घर गुलज़ार हो गया। चिलकती-खिलकती हँसी फूल सी उगेगी यहाँ-वहाँ।

फिर घर तो घर, बाहर तक भी रंग निकल निकल पड़ें ऐसी क़यामत। लिफ़्ट के पास, पार्किंग लॉट में, कॉमन एरिया में, कहाँ-कहाँ नहीं लाल-नीली लकीरों में बच्ची के हाथ दिखते पड़ते हैं। पर इतना ही कम कहाँ था जो उसे स्याही और फाउंटेनपेन ला दिया। अब चादर पर, गद्दे पर, सोफ़े के कुशंस पर, फ़र्श पर चकत्ते चकत्ते। और तो और हथेलियों उँगलियों पर, नाक के कोरों पर, नाख़ूनों के नीचे, कभी माथे गाल पर, गरज़ ये कि स्याही सारा जहाँ स्याह किये हुए है। अभी उसी दिन की बात है, किसी मेहमान को नीचे से विदा कर के दरवाज़े पर कॉलबेल बजाए इंतज़ार में खड़े थे। आँखों की बराबरी के सतह पर महीन बारीक अक्षरों में कॉलबेल के ठीक नीचे ख़ूबसूरत कैलीग्राफ़ी। चोर तुरंत पकड़ में आया। अभी पिछले हफ़्ते आख़िर कौन इस सनक के घोड़े पर सवार था। लिफ़्ट के दरवाज़े के पास चार अंक वाले नये सीखे गुणा-भाग फूल-पत्तियों के बीच, कार के पिछले शीशे पर हँसता सूरज और उड़ती एक टाँगों वाली चिड़िया, फ्रिज के दरवाज़े पर भाप उड़ाती छुकछुक रेलगाड़ी और सिग्नेचर ट्यून की तरह हवा में काँपते लहराते नारियल के पेड़। पूरा घर किसी ट्रॉपिकल द्वीप में बदल जाए उसके पहले गम्भीरता से कोई कार्रवाई करनी पड़ेगी ऐसा निश्चय लिया गया है। मॉम के स्ट्रिकलैंड की याद आई। तो बच्ची को बुला कर उसकी क्लास ली जाए। ऐसी ली जाए कि उसके अन्दर का कलाकार काग़ज़ों पर सिमट कर रह जाए। बड़ी जुगत लगानी थी।

इसी बीच बच्ची के पिता ने एक नया खेल और खेल दिया। बाँस की खपच्चियों वाला नुकीली नोक वाला जादुई कलम ला दिया उसके लिए। उसके निब को बारबार स्याही के बोतल में डुबा कर लिखने का चमत्कार। जितनी बार निब डुबाया जाएगा उतनी बार जीभ दाँतों से दबा कर पूरे-पूरे मनोयोग से बूँद तक न छलके ऐसा एहतियात बरता जाएगा। फिर बिना गिराए स्याही काग़ज़ पर शक्ल लेगी स्कूल के बस्ते की, किताबों-कॉपियों की,

कलम-दवात की, और उनके बीच सजा-सजा कर लिखा जाएगा मोती अक्षरों में कोई ऐसा सूक्ति वाक्य जिसकी समझ अभी बच्ची को नहीं है। बच्ची को क्या कई बड़ों को भी नहीं है। लेकिन बच्ची को नहीं है ये क्षम्य है फ़िलहाल। लेकिन मेरी चिंता अभी उसके सूक्ति वाक्य के न समझने की नहीं है। मेरी चिंता उस स्याही के बोतल की ठेस लगा कर हरहरा कर गिरने की है। तो जब तक बच्ची लिखती है मैं अपनी आँखें स्याही के बोतल पर गड़ाए रहती हूँ जैसे देखते रहने भर से उसके न गिरने को निश्चित कर रही हूँ। मेरे इस भोलेपन पर बच्ची के पिता कहते हैं, तुम सचमुच बच्ची हो। अब, बच्ची बच्ची है कि मैं बच्ची हूँ? मुझे तो लगता है कि बच्ची के पिता बच्चे हैं। आप क्या कहते हैं?

चूड़ियों का डब्बा माने क़सम-क़सम

मुन्नी से खाना खाया नहीं जा रहा। चौके की, मिट्टी से लीपी हुए ज़मीन पर बड़े मोटे चींटे टहल रहे हैं। पीढ़े पर मुन्नी फ्रॉक बचाए बैठी है। कहीं चींटा चढ़ न जाए पैर पर, फ्रॉक पर। चढ़ जाए तो चीख-चिल्ला कर, कूद-कूद कर आसमान एक कर लेगी। ऐसा होता है तब गप्पू को ख़ूब मज़ा आता है, मुन्नी से बेतरह दोस्ती और प्यार के बावज़ूद। मुन्नी का ध्यान खाने पर कम है चींटों पर ज़्यादा है। थाली में चावल पर दाल की नदिया बह रही है। भिंडी की भुजिया इतनी अच्छी लगती है फिर भी खाना खाया नहीं जा रहा। चाची के घर बस यही एक चीज़ ख़राब लगती है, ये चौके में चींटों की दौड़। बाक़ी तो सब ख़ूब बढ़िया है।

आँगन में चाँपाकल पर नहाना, हुमच-हुमच कर चाँपाकल चलाना, बग़ीचे में लीची के पेड़ पर बन्दरों की तरह भरी दुपहरिया में सबकी आँख बचाकर खेल खेलना। गप्पू अपनी बहती पैंट सँभलता-सँभालता किवाड़ के पार हुलक-हुलक कर देखता है। इशारा करता है, आ जा बाहर। गप्पू की आँखें काली गोली जैसी चमकती हैं। उसकी पैंट की पॉकेट में गोलियाँ खनखन खनकती हैं। ख़ज़ाना है ख़ज़ाना। वैसे ही जैसे मुन्नी के डब्बे में टूटी काँच की चूड़ियाँ। किसी दिन जब डब्बा भर जाएगा तब मुन्नी मोमबत्ती जलाकर उसकी लपट में टूटी चूड़ियों का सिरा पिघला कर जोड़ेगी। तब तक मुन्नी हर किसी से चूड़ियाँ माँगती-चाँगती रहती है। कैसी तो ललचाई आँखों से फुआ और चाची अम्मा की चूड़ियाँ निहारती है, लाल-पीली, धानी, सुनहरी, अहा।

चाची, अम्मा, फुआ, पड़ोस की औरतें सब दोपहर में बैठकर न जाने क्या बतियाती हैं। पापड़, मखाने और आलू के चिप्स के साथ अदरक वाली चाय स्टील के कप में। मुन्नी का दिल मखाने पर आ जाता है। चुपके से कोने में बैठ कर मखाने टुंगती है, आँखें चिहारे गप्प सुनती है। तब गप्पू लाख दफ़े खिड़की से बाहर आने का इशारा करे, टस से मस नहीं होती। सुमित्रा ने जाने कैसे बच्चा गिरा दिया। औरतें सब मुँह पर हाथ धरे अफ़सोस करती हैं। मुन्नी सोचती है कहाँ गिरा दिया, कैसे गिरा दिया, सीढ़ी से कि पलंग से। कैसे गिरा दिया चाची ? अरे कैसे पुरखिन-सी बैठी है यहाँ बड़ों के बीच पाको मामा ! जा भाग, खेल बाहर। मुन्नी ठिसुआई-सी बाहर भाग पड़ती है। ओह, कैसे बड़ी हो जाए अभी की अभी।

गप्पू अलग ग़ुस्सा, मेरे लिए चिप्स तो ले आती। कमरे में पंखा मरियल चाल चलता है। हनुमान जी वाला कैलेंडर हवा में फड़फड़ करता है। दीवार पर कैलेंडर के टीन का कोना दोनों तरफ़ आधा चाँद बनाता है। हवा में डोलते हनुमान जी संजीवनी पर्वत उठाए ठीक मुन्नी की तरफ़ देखते हैं। अगले महीने के पन्ने पर माखन खाते कृष्ण कन्हैया हैं। मुन्नी को इंतज़ार है अगले महीने का जब हनुमान जी वाला पन्ना हटा कर कृष्ण जी वाला पन्ना सामने किया जाएगा। पर अगले महीने तक शायद मुन्नी वापस अपने घर चली जाए।

छोटे कमरे में चौकी के नीचे आम का ढेर है। बीजू और लंगड़ा। दिनभर गप्पू और मुन्नी आम चूसते हैं। गप्पू के मुँह पर आम खाने वाली फुँसी निकल गई है। हर साल ऐसा ही होता है। फुँसी और पेट ख़राब। पर गप्पू बाज नहीं आता। गर्मी भर सिर्फ़ आम पर ज़िन्दा रहता है। रेडियो पर दोपहर को पुराने गाने आते हैं। मुन्नी कभी-कभी थम कर सुन लेती है। तब उसे लगता है कि अब बड़ी हो गई है। गाने तो ऐसे दीदी सुनती हैं। टिकुली साटे, फुग्गा बाँह की ब्लाउज़ पहने, आँखों में काजल पाड़े। गाने सुनती हैं बाँहों पर सिर धरे और पता नहीं किस बात पर धीमे-धीमे मुस्कुराती हैं। मुन्नी उनको ध्यान से देखती है। आईने के सामने कभी-कभी उनके दुपट्टे को ओढ़े उनके जैसा ही मुस्कुराने की कोशिश करती है। दीदी ठीक मीना कुमारी मधुबाला लगती हैं। मुन्नी भी बड़ी होकर उनके जैसे ही लगेगी। लगेगी लगेगी ज़रूर लगेगी।

पर पहले उस पाजी गप्पू को ठीक करना है। रुस-फूल कर जाने कहाँ बैठा है। मुन्नी ओढनी फेंक गप्पू की खोज में निकलती है। ज़रूर आम वाली कोठरी में पुआल पर बैठा आम चूसता होगा। बदमाश छोकरा कहीं का। दिनभर खाने की फ़िराक में रहता है। सचमुच गप्पू बैठा आम चूस रहा है। रस की धार कुहनी

तक बह रही है। होंठों से बहकर ठोड़ी तक भी। गप्पू है तो सिर्फ़ साल भर छोटा पर मुन्नी को लगता है वो गप्पू से ख़ूब बड़ी हो गई है ख़ूब।

दीदी के ब्याह के बाद शहर लौटते मुन्नी का चूड़ियों का डब्बा वहीं छूट जाता है। उफ्फ कितनी मुश्किल से जमा किया था। दिल पर जैसे हज़ार घाव हो जाते हैं। आँखों के आगे दिनरात वही तरह-तरह की रंगीन चूड़ियाँ नाचती हैं। कैसा दिल तोड़ देने वाली बात। मीठू सुग्गा तक मुन्नी को देख पुकारना छोड़ चुका है। हरी मिर्च और फूले हुए चने देने के बाद भी मुन्नी को गोल आँखों से तकता है। पिछले साल टॉमी के भाग जाने का भी इतना दुख नहीं हुआ था। अम्मा लाल पर सुनहरे लहरिया वाला गोल चिपटा बिस्कुट का डब्बा निकालती हैं। मामा लाए थे बिदेस से बिस्कुट। वही डब्बा है। अपनी सबसे सुंदर सुनहरे काम वाली गुलाबी चूड़ियाँ और लहटी निकाल कर डब्बे में डाल मुन्नी को पकड़ाती हैं। डब्बे को पकड़ कर मुन्नी को इतनी ख़ुशी मिलती है, इतनी। कोई खोई चीज़ जैसे फिर से मिल गई हो। मुन्नी अभी बड़ी नहीं होना चाहती। चूड़ियों के टुकडे वाली ख़ुशी छोड़नी हो तो बिलकुल भी नहीं। मुन्नी ने तय कर लिया है जब तक ये वाला डब्बा भर न जाए, जब तक चूड़ियों को जोड़ कर ख़ूब-ख़ूब लंबा इन्द्रधनुष के रंगों वाला झालर न बना लिया जाए तब तक उसे बड़ा नहीं होना है, बिलकुल भी नहीं। ये तो बात पक्की रही, गले पर अँगूठे और तर्जनी रख उम्र भर की क़सम खाने जैसी पक्की बात।

एक और दिन

बच्चू सुबह से लोटमलोट था। दिक कर रहा था, मुँह गोल किये था, कभी रुस जाता कभी मनुहार करता। साड़ी का आँचल पकड़-पकड़ ठुनक जाता। माँ को पता था इसे चाहिए क्या? माँ ऐसे ही माँ थोड़े ही थी। उस दिन मौसा के चाचा के समधी पधारे तो पीत्ज़ा और पेस्ट्री के बजाय अम्मा के दिनों की मेहमाननवाज़ी याद आई। निमकी लाल साबुत मिर्च के मसालेदार अचार के साथ और बेसन का हलुआ। उसने बना डाला और ढेर-ढेर प्रशंसा पाई। और बच्चू जो मीठा नहीं खाता, ये मीठा बिलकुल जीभ पर नहीं धरता से बदल कर दो-दो कटोरी हलुआ खाने वाला और माँ को सीधा झुठलाने वाला बच्चू हुआ।

बस हफ़्ता ही तो बीता था। किस बात से उस स्वाद की याद उसे आई। आनी भी थी तो छुट्टी वाले दिन आती। आज जब जल्दी ऑफ़िस पहुँचना था

तब ही। साड़ी का आँचल कमल में खोंसे पसीने से तरबतर माँ बेचैन, बदहाल। न, अभी तो किसी क़ीमत पर नहीं। बच्चू पहले तो प्यार से ठुनकता था। ममा प्लीज़ कहता था। माँ कहती आज नहीं, राजा, मुन्ना, बेटा, आज नहीं। बच्चू ने पैर पटके, 'नहीं अभी अभी। अभी खाऊँगा।' माँ ने बेख़याली में बाल थपथपाए, रसोई का सामान समेटना शुरू किया, घड़ी की भागती सूई पर और भी तेज़ भागती नज़र डाली। बच्चू लड़ियाता था, हँस-हँस कर माँ को रिझाता था, ठुनकता सहकता था। माँ नहाने घुसी। बच्चू दरवाज़ा पीटता था, अभी-अभी-अभी। भीगे बदन कपड़े पहनते माँ का पारा गर्म होता जाता था। बीस साल की फ़्लोरिया ऐसे वक़्तों में बच्चू से दूर हो जाती। घर की सबसे कोने वाली बालकनी की सफ़ाई में जुट जाती। इस रूटीन में व्यतिक्रम न करते हुए फ़्लोरिया ग़ायब हो ली। माँ निकली गरम-गरम और दरवाज़े से लटके बच्चू को दे डालीं दो धौल। बच्चू वहीं लोट गया ज़मीन पर। इधर से उधर। लोटने पर एक कान उमेठा। नाक, आँख, मुँह सब बहाते हुए बच्चू, ग़ुस्से से तिलमिलायी फट-फट तैयार होती माँ और भाग कर बच्चू को गोद में उठा दूसरी तरफ़ ले जाती फ़्लोरिया।

बच्चू का चेहरा सहम गया था। माँ का ऐसा ग़ुस्सा। रह-रह के सुबक जाता। हर तीन साँस पर एक लम्बी थरथराती हुई, टूटी हुई हिचकी गले के गड्ढे में थम कर सिहर जाती। माँ तैयार निकलती थी। बच्चू को फ़्लोरिया की गोदी में ही एक बार प्यार किया। बच्चू का सहमा चेहरा, धमसे हुए लाल गाल। नज़र फेर तुरंत उतर गई। रास्ते भर ऑफ़िस के लस्टम-पस्टम के बारे में दिमाग़ उलझा रहा। ऑफ़िस पहुँचते ही कल की टाइप की हुई चिट्ठी पर तीन बार काम करना पड़ा। सेक्रेटेरियल पूल की सुनीता खन्ना से झड़प हुई। बॉस के पी. ए. सोनी से बहस हुई। चौथे ड्राफ्ट को फाइनल किया ही था सोनी नई चिट्ठी थमा गया, अरजेंट। टाइप करते-करते बच्चू का धमसा हुआ रुआँसा चेहरा तैरता रहा। ठीक बारह बजे फ़्लोरिया का फ़ोन आया। बच्चू को बुखार है। घर जाना है बच्चा बीमार है। बैग समेटते, पेपर्स तहाते सोनी की बुदबुदाहट कान में पड़ती रही। बच्चा हमारा भी बीमार पड़ता है। इसका क्या मतलब। हर बात में छुट्टी। तनख्वाह तो बराबर लेंगी और काम घर का करेंगी। ये औरतें, इन पर तो भरोसा ही नहीं किया जा सकता। भुनभुन, भुनभुन।

औरत धड़फड़ स्कूटी चलाती है। घर जाते ही बच्चू के लिए बेसन का हलुआ बनाना है। कुछ मन से खा ले बस, मेरा बच्चू, मेरा राजा, मेरा मुन्ना। बच्चू माँ को देख हिलक जाता है। लपक कर गोद चढ़ जाता है। गाल से गाल

सटा लेता है। धमसे हुए चेहरे से फिक से हँस देता है, सुबह की मार भुला देता है। रसोई में हलुआ बनाती माँ अचानक धक्क से रह जाती है। नई चिट्ठी जो टाइप की थी उसे बॉस को देना तो भूल ही गई। कल सुबह फिर कचरा होगा।

अब जंगली हरियाले तोते शोर मचाते नहीं उतरते आम के पेड़ों पर

आम के बग़ीचे के पास रास्ता पक कर धूसर हो गया है, घास ऐसे उड़ गई है जैसे अब इस पत्थर से सख़्त ज़मीन पर कोई दूब उगेगा नहीं। लोगों के पैरों की चाप ने ऐसी गत कर दी है। जब उस ज़माने में दीवार मज़बूत थी तब परिंदा नहीं फटकता था बग़ीचे में। बगल वाले बरामदे में खटिया पर बैठे ईया यही देखती हैं। चाय का गिलास तक उठाते हाथ काँपते हैं अब। अब त्वचा सिकुड़ गई है, बाल सन से सफ़ेद। तब हरियाले तोतों का झुँड पेड़ की फुनगी पर आ बैठता था। जंगली तोते। सुनहरे पिंजरे में क़ैद मीटू राम कैसा शोर मचाता था तब। कैसे पंख फड़फड़ाता था बेचैन अकुलाहट में कि डर में?

पिछवाड़े वाली खपरैल छप्पर अब आधी ढह चुकी। जंगली घास और झाड़ उग आए हैं। पिछली बरसात तो एक करैत निकल गया था शाम को। पेट्रोमैक्स की रौशनी में डंडों से उसका हाँका गया था। फिर दीना उसका कुचला निर्जीव शरीर पतली लम्बी छड़ी पर लटकाए सबको दिखाता फिरा था। 'बहुत ज़हरवाला साँप था हुजूर', उसकी काली आँखें चमकीं थीं। कितने दिनों तक, अरे वही दिन जब करैत मारा था, के सन्दर्भ से बात करता रहा था दीना।

आँगन के छोर पर चाँपाकल वाला चबूतरा भी टूट चला। जब से पानी का नल लग गया, उसकी पूछ कम गई। अब कभी चलता भी है तो कैसा लोहराइन, गंदला भूरा पानी निकलता है। पाइप में जंग लग गया होगा ज़रूर। बच्चे कभी हो हल्ला करते हुमच-हुमच कर चलाते हैं तब छेहर सी पानी की मरियल धार निकलती है। चबूतरे के टूटे कोने पर पुदीने के पौधे कैसे लहक कर फैले हैं और उसके एक ओर मेहँदी की झाड़। पिंकी जब-तब कटोरी भरा पत्ता सिलौट पर पीस कर जिस-तिस को पकड़ कर मनोयोग से हथेली पर अठन्नी जैसा गोला और तीनपत्तिया फूल काढ़ती है। बीस साल की दुबली-पतली मैट्रिक पास पिंकी जिसको पिछले छह महीने से ससुराल वाले नैहर ठेल आए हैं। दोपहर को सर झुका कर सरसों के झोल वाली मछली पकाती है, मूड़ी तलती

है। जब तक मछली सरसों तेल में तलती है, पीढ़े पर बैठी, घुटनों पर बाँह धरे, लकड़ी की आग को देखते जाने क्या-क्या सोचती है।

अम्मा कहती हैं, लम्बी साँस भरकर, सिलाई स्कूल में नाम लिखा दें, इस साल बरसात के पहले छत भी छवाना है, नया छाता खरीदना है, मिंटू के स्कूल की फीस भरना है, बाबूजी के लिए नया प्रिंसकोट बनवाना है, और और पिंकी के ससुराल भी तो जाना चाहिए न एक बार? आख़िर कोई कारण तो बताए? ऐसे बेबात कोई लड़की को छोड़ देता है क्या? किसी अंदेशे से उनकी छाती धौंक जाती है, हथेलियाँ ठंडी हो जाती हैं। बाबूजी अचानक अलगनी से लटकी बंडी उतारकर पहनते हैं और बिना कुछ बोले निकल जाते हैं। अब जाने कब लौटेंगे। जब से सस्पेंड हुए हैं तब से एकदम चुप्पा हो गए हैं।

ईया झुकी कमर को सहारा देती खटिया से उठती हैं। निहुर कर अपनी कोठरी में घुसती हैं। बाहर की चकाचक धूप के बाद आँख एकदम अँधिया जाती है। अन्दर ठंडा अँधेरा है, बांस की अलगनी पर कथरी और चादर मोड़ कर लटकाई गई है, चौकी के बगल में थूकदान और हुक्का, चीकट तकिये के ऊपर पूरी बाँही का ब्लाउज़ और किनारी वाली धोती, चपोत कर तहाई हुई। भूख लग गई है। पुकारती हैं, पिंकी पिंकी...

सामने एक तसवीर टंगी है फ्रेम में। घर के मालिक शेरवानी अचकन पहने, सर पर टोपी धारे कुर्सी पर बैठे हैं, दोनों हाथ नक्काशीदार छड़ी की मूठ पर टिकाए। बगल में ईया, तब तीस साल की, सीधा पल्ला साड़ी और बालों की काकुलपत्ती के बीच शर्माती हँसती आँखों से सामने देखतीं और पैर के पास दो गदबद बच्चे और किनारे एक अदद झबरीला कुत्ता। पीछे डाकबंगलानुमा विशाल घर के सामने का हिस्सा पीछे के बैकग्राउंड में घुलता फ्रीज होता है।

अब जंगली हरियाले तोते शोर मचाते नहीं उतरते आम के पेड़ों पर।

डरने का डर

शाम का अँधियारा धुँधलका था। पाँव कितने भी तेज़ चलें डर की तेज़ धड़कती नब्ज़ से तेज़ कहाँ चल रहे थे। चुन्नी का फहरना बेवजह भी, कैसी उच्छृंखलता कैसे लपेट लूँ! छुपा लूँ, चेहरे को, बदन को। लड़की सिमट-सिकुड़ कर कहाँ विलीन हो जाऊँ, जैसी सिमटती थी, सिहरती थी। सड़क के ठीक बगल से नाली, बजबजाती हुई बुदबुदा रही थी। बदबू का एक स्वायत्त

संसार उसके ठीक ऊपर से होकर हवा में रेंग रहा था। भारी, भीगे कम्बल सी सड़ांध, या फिर भीगे कुत्ते की सड़ाइन बिसाइन महक।

नाक दबाए, चुन्नी सटाए, सलवार पैरों में लथपथ, चप्पल फटफटाए तेज़ भागती, साँसों को पसीजी हथेलियों में थामे किस प्रेत पिशाची डर का भय कन्धे पर सवार था उसके। लड़की डर से चौकन्नी थी, सतर्क थी। उसे माँ की सारी हिदायतें याद थीं, मुँहज़बानी। सयानी लड़की अँधेरा होने के पहले घर की चारदीवारी के अन्दर ही शोभती है। साइकिल पर अनजान भी कोई बगल से गुज़रे या आगे कहीं तीन-चार लौंडों का झुँड दिखे, लड़की की चाल तेज़ हो जाती थी। रोएँ खड़े हो जाते, डर एक ठंडा लिजलिजा साँप हो जाता जो रेंगता कंधों और छाती पर, जाँघों और नितम्बों पर। लड़की कुछ चाल और तेज़ करती, सूखे पपड़ाए होंठों पर उससे भी ज़्यादा सूखी जीभ फेरती।

गली के मुहाने पर कुछ टप्पर ठेलों सी दुकानों पर ढिबरी की लम्बी मटमैली लौ गुम साँझ की बेहया बेहवा में स्थिर लपलपा रही थी। कालिख और धुएँ की मोटी लकीर आसपास के चकत्ते अंधेरे और गहरा रही थी। लड़की की पतली लम्बी काया जाने किस वेग से से दुहरी हो रही थी। सड़क के किनारे की कमर से कमर सटी बिना पलस्तर की एक और डेढ़ मंज़िला ख़स्ताहाल मकानों से कहीं रेडियो की धीमी आवाज़ सन्नाटे को चीरती तोड़ती उभर आती। किसी खिड़की से कोई छोटा ब्लैक व्हाईट टीवी का नीला स्क्रीन एक पल को बेचैन हिलती आकृतियों की किस अनाम दुनिया में खींच लेता।

छन्न से किसी रसोई की छौंक की आवाज़, किसी बच्चे की टूटती रुलाई, कोई दबी-छुपी हँसी, तली हुई मछली की तेज़ तीखी महक, कहीं से पेट में ही मरोड़ नहीं करती, बल्कि कैसी पल भर में अपने घर की सुरक्षित चारदीवारी में साबुत, सलामत हो जाने की हकबका देनी वाली टीस से भी मार डालती। लड़की अकेली कैसे छूट गई थी ? इतनी देर कैसे छूट गई थी ? अभी-अभी तो रौशनी थी। पल भर में कैसे इतना अंधेरा छा गया ? नाभि के भीतर डर रुलाई में लिसड़-लिथड़ रहा था। उबकाई की खट्टी डकार घूम कर माथे चढ़ी और लड़की अचानक नीचे गिर पड़ी। हाथ में थामी चीज़ें धूल में फैल गई। खंभे की टिमटिमाती, पीली फीकी रौशनी में लड़की बदहवास बस बैठी रह गई। वही लड़की जो छुटके के साथ पटीदारी करती थी, लड़कर गिल्ली-डंडा खेलती थी लट्टू खेलती, पतंग उडाती, साइकिल पर कैंची चलाती, लड़कों को बाएँ हाथ की कानी उँगली भी नहीं समझती थी, वही लड़की। हाँ, वही लड़की, जिसे माँ कहती कि लड़का है कि लड़की, किसी बात का भय नहीं इस लड़की

में वही लड़की जो क्लास में अव्वल आती, जो कहती कि मैं नहीं डरती किसी से, वही लड़की जो छिपकली से नहीं डरती पर तिलचट्टे से डर जाती और वही लड़की जो समझती कि उसकी मुट्ठी में सारा जहान है।

लड़की क्या यों ही धूल सनी, घूमते माथे को लिए बदहवास बैठी रहेगी कि उठेगी फिर। याद करेगी कि मुट्ठी में जहान है, याद करेगी कि सिर्फ़ एक चीज़ से डरती है और वह अँधेरा नहीं है, कि अकेली लड़की का रात-बिरात घूमने का अनाम डर, उसका डर नहीं है, कि इस डर के आगे कोई गहरी खाई नहीं है। लड़की उठती है चुपचाप, ख़ुदबखुद, समेटती है अपने बिखरे धूसरित सामान को गिनती है, गुनती है, उठती है, संभलती है। स्ट्रीट लाइट की मटमैली रौशनी में तेज़ चाल चलती है फिर वही लड़की।

बक्से का जादू

कितना अटरम-शटरम बटोर लाई थीं। उम्र भर बस बटोरते ही रहीं। पॉलीथिन के तहाए हुए थाक, पेपर कटिंग पीले जर्जर मोड़ पर सीवन उघाड़ते हुए बेदम बर्बाद...ढेर सारे बटन सब के सब बेमेल...मज़ाल कि कोई दो साथ मिल जाएँ...चूड़ियाँ दर्जनों धानी, पीली, हरी और कितने रंग की लाल, कामदार सादी...कानों की बालियाँ, टॉप्स बेपेच और पेचदार, रेशम के धागे लच्छी ही लच्छी सब...न जाने...एक-दूसरे में उलझे-ओझराए। बस जैसे जीवन ही उलझ गया। पुराने टीन के बक्से खोल क्या गुनती-बीनती रहतीं रात-बिरात। दो सफ़ेद किनारी वाली सफ़ेद साड़ियाँ, एक पीली पड़ गई रेशमी, तीन हाथ से सिले पेटीकोट और इतने ही ब्लाउज़ ढीलमढाले, हूबहू एक से, एक बटुआ जिसमें पता नहीं क्या खजाना था, पुराने सिक्के, दवाई की ख़ाली पुड़िया। कितना तो अगड़म-बगड़म सामान।

बक्सा अब भी सुंदर था। ऊपर हरा रंग धीमा तो पड़ा था पर चारों ओर के बेलबूटे, लहरिया पत्तीदार गुलाबी, अब भी लचक में लहर जाते। दिल में मरोड़ उठ जाती बेहिसाब। कैसा हरियर हरा था जब नया था। और ब्याह की गुलाबी चुनरी, गोटेदार बेलबूटी थी। बक्से के ढकने ऐसे ही तो लहरिया। पर अन्दर छोटे-छोटे खाँचे बने थे। पीली पड़ी चिट्ठियाँ, अख़बार की पुरानी कतरनें, ट्रेसिंग पेपर पर कढ़ाई के नमूने, चाँदी की छोटी मछली, दवाई की ख़ाली पुरानी बोतलें, सब अटरम-शटरम।

गुल्लू की दराज़ भी कोई कम थोड़े ही थी। गोली-कंचे से भरा पड़ा था।

तुड़ी-मुड़ी जुराबें, बिना रिफिल के दर्जनों पेन, टूटी बुचकी पेंसिल की टोंटियाँ, नकली नोट का मोनोपली का बंडल, गोटियाँ, मेकनो सेट के क्षत-विक्षत पार्ट-पुर्जे और किसी शैतान लड़के की दुनिया के पता नहीं कौन से रहस्यमय राज़। स्याही के धब्बों से पॉकेट रंगे क़मीज़ की झाँकी दादी के बक्से की दो सूती सफ़ेद साड़ियों से कम कहाँ थी।

और इन्हीं अटरम-शटरम सामानों की एक वृहत्तर दुनिया कोने की छोटी कुठरिया भी तो थी जहाँ छत तक सामान झोल और जाले से लिप्त अटा पड़ा था। कोई एक सामान निकालना असंभव। अव्वल तो याद नहीं रहता कि रखा क्या है और किधर है। और जो याद आ भी जाता था तो निकालने की सौ दुश्वारियाँ। धूल की परत मोटी सब सामान पर एक समान। टूटी साइकिल से लेकर बाबा आदम के ज़माने का ग्रामोफ़ोन, कूट के डब्बे में पुराने-पुराने रिकार्ड्स, पुरानी अल्बम और मैगजींस के ढेर के ढेर, बिन पंख के पंखे और बिन हैंडल की सिलाई मशीन। अधूरे डिनर सेट्स और बिन ढक्कन की केतलियाँ, दरके चीनी मिट्टी के नाज़ुक प्याले, सन्दूकों में भरे बचपन के कपड़े, न जाने क्या-क्या। अजब जादू का संसार।

गुल्लू को लगता है एक दिन इस कमरे में घुसेगा सब की आँख बचाकर, ऊपर रौशनदान से जो सूरज की एक किरण आती है जिसकी गोलाई में धूलकण सोने जैसी चमक जाती है, अगर वो पड़ गई गुल्लू पर तो उसी वक़्त कोई जादू शर्तिया हो जाएगा। दादी का बक्सा पंख लगाकर यहाँ तक आ जाएगा, गुल्लू का दराज़ भी, कोई पुराना रिकार्ड अचानक झूम कर बजने लगेगा। बक्सों में से पता नहीं क्या-क्या निकल पड़ेगा, कैसी छन्न पटक सी जादू, कैसे सुनहले रंग। कोई भारी आवाज़, ऐई छोकरे। गूँज जाएगी और फट से जादू छनछनाकर चकनाचूर हो जाएगा। गुल्लू के रोएँ सिहर जाते हैं एक पल को।

दादी अब भी अपने बक्से को खोले पता नहीं क्या खोज रही हैं। एक पुरानी सी पागल कर देने वाली गंध फैल गई है। गुल्लू की आँखें दादी के बक्से पर टिकी हैं किसी अजूबे के इंतज़ार में। कौन सा अजायबघर अपने दरवाज़े-खिड़कियाँ खोल दे, कौन जाने कब। गुल्लू मुस्कुराता है। दादी पूछती है, 'क्या रे गुल्लू?' गुल्लू की हथेलियों में पल भर को अपने हो जाने का जादू ठमक जाता है। उसके रोएँ सिहर जाते हैं एक पल को। बक्से का ढक्कन बन्द हो जाता है। दुनिया घूम कर वापस फिर टिक जाती है अपनी धुरी पर। कोई रहस्य आँखों के अन्दर छिप जाता है दोबारा। कुछ नहीं दादी, गुल्लू हँसता है। बक्से का जादू एक बार फिर बक्से के अन्दर क़ैद है।

क़िस्से करमख़ोर

नीम-बिस्मिल कई होंगे

आसफ़ुद्दौला तुम्हारे जूते की नोक पर किसका तस्मा फँसा है? तस्मा?

आसफ़ुद्दौला नीचे देखते हैं, वहाँ कुछ भी तो नहीं है, न तस्मा न जूता न पाँव। फिर ठठाकर हँसते हैं,

अच्छा तस्मई और तासीर
बेग़ैरत बेवफ़ा बेनियाज़
पीछे मेहदी हसन गुनगुनाते हैं,
नमक घुली तासीर
नावक अंदाज़ जिधर दीदा-ए-जानाँ होंगे—
नीम बिस्मिल कई होंगे कई बे जां होंगे—
आवाज़ की नमक घुल जाती है, त्वचा की
आज हम अपनी दुआओं का असर देखेंगे
तीरे नज़र देखेंगे, ज़ख़्मे जिगर देखेंगे

तस्मे का एक रेशा फँसा है, एक केसर का। जीभ की नोक बार-बार वहीं लौटती है कमबख़्त

कहते हैं ये वही समय है जब धूप छिटकती है बदन पर, और स्याह सदा मन पर

आसफ़ुद्दौला धीमे बुदबुदाते हैं परिन्दा फ़ाख्ता, बदजात

पहाड़ा रटते हैं, हिज्जे आलिफ बे ते...

शाम के समय ऐसे बदसगुन न उचारो धानी चूड़ियों की किरचें समेटती औरत उसाँस भरती है।...कहती है हम तो सदा से ऐसे ही थे, ज़रा मक्कार, ज़रा भोले, गर्मी के दिन में पानी के छपाके सुरमई तसमई तासीर, ठंडी सर्द तासीर जैसे ठंडी आह के रसीले लजीले अफ़साने।

औरत झुकती सचमुच शरमाती है, नीम बिस्मिल कई होंगे...

कुसुम कुमारी कुंज बेहारी

सपने के भीतर एक और सपना था, पानी पर तैरती मरी मछली के पेट जैसा, पीला फीका और निस्तेज़। ऐसा नहीं था कि जागी दुनिया कुछ शोख़ चटक थी लेकिन सपनों से एक दूसरे उड़ान की कल्पना और उम्मीद तो रखी ही जा सकती थी। शहरज़ाद की हज़ार कहानियों वाली अरेबियन टेल्स की तरह हर रात का नया सपना था और हर सपना दूसरे से अलग।

अब मसलन कल पिता को देखा सपने में, मुस्कुराते हुए। जबकि असल ज़िन्दगी में वे कभी मुस्कुराए नहीं। रोते-बिसूरते पैदा हुए और वैसे ही गए। या फिर तीन दिन पहले किसी स्कूली साथी को देखा जिसका नाम तक याद नहीं। याद तो शक्ल भी नहीं, सिर्फ़ सपने में आभास था कि साथी है। हफ़्ते भर पहले किसी नवजात शिशु को देखा और महीने भर पहले ख़ुद को मरते। पिछले साल सिर्फ़ दूसरों के सपने देखे। अच्छे-बुरे डरावने दयनीय। उसके पिछले सिर्फ़ अपने देखे थे। हर सपने में कोई छोटा सा भी रोल सही। वैसे ही जैसे हिचकॉक अपनी फिल्मों में किसी एक सीन में दिख जाता। सपनों की एक अर्काइव बना रखी है। टैग्ड एंड प्रॉपरली फाइल्ड। जैसे उसकी लाइब्रेरी में होता है। सब तरतीबवार क्रोनोलाजिकल ऑर्डर में। आँख मूँद कर भी वो कैसी भी शेल्फ़ तक किसी भी किताब तक पहुँच सकता है।

मसलन, अगर कहा जाए सिंक्लेयर, तो उसे पता है कि पहले सीधे जाकर बाएँ तरफ़ वाली दूसरी खिड़की के बगल से मुड़ कर फिर दस कदम चलने के बाद बाएँ मुड़ते ही जो शेल्फ़ है उसमें सब 'स' वाले लेखक हैं। सिंक्लेयर तीसरी रैक पर बीच में है। उसके बगल में एक तरफ़ डेविड सिल्कॉक्स हैं और दूसरी तरफ़ रॉस स्कोगॉर्ड, उनके कुछ बाद में सूसन सॉनटॉग हैं। इसी तरह हिंदी सेक्शन में उसे किताबें पता हैं। जुलूस कहो तो आँख मूंदे रेणु तक जा पहुँचेंगे और हैदर कहो तो प्यार से मुस्कुराते कारे जहाँ दराज़ (है हिंदी में?) छू लेंगे।

सपने भी उसी तरह फाइल्ड हैं। पत्नी बैठी सेम की फली, रात के खाने के लिए, काटती कहेगी, 'पता है बच्ची फुआ का पोस्टकार्ड आया था, बेचारी एकदम अकेली पड़ गई हैं। पत्नी का बोलना चालू रहता और इधर इनके दिमाग़ में चार साल तीन महीने और आठ दिन पहले देखे सपने में बच्ची फुआ का रंगीन साड़ी और हाथ-हाथ भर लहठी में इतराते डोलना याद आता है। अब मज़े की बात है कि फुआ बेचारी बाल विधवा हैं। गौने के समय पति साँप काटे से सिधारे। तो जबसे साड़ी पहनने की उम्र हुई सफ़ेद के सिवा दूसरा कोई रंग बदन को छुलाया नहीं।

सपने भी देखो कैसी करामात दिखाते हैं। जो होगा नहीं वह दुनिया भी दिखती है या वह ही दिखती है। सब अतृप्त इच्छाएँ, अपनी सबकी। सब नसीब!

किताबें पढ़ने का शौक भी इसी तरह उपजा। सिनेमा देखने का भी और सपने देखने का भी। अब सब गड्डमड्ड होता है, किताब-सिनेमा-सपना। सपने में भी कोई बूढ़ा मछली मारने समन्दर में निकल पड़ता है, किताब का अनाम पात्र डोंगी में उतराता है और ख़ुद किसी दरियाई घोड़े से रास्ता पूछते भूलते-भटकते पसीने से तरबतर जागते हैं, हाथ आती एक भी मछली नहीं है। पत्नी चाय का कप चेहरे पर ठेलते बुड़बुड़ाती है, रात में सपना? दिन में सपना? पर उसका क्या बुड़बुड़ाना और क्या हँसना। उसके नसीब में सपने कहाँ?

लाइब्रेरी के टूटे काँच वाली खिड़की पर फट्टा ठोंकते कीलों की गिनती याद रहती है। ये याद रहता है कि 'ब' वाली शेल्फ़ खिड़की के पास है और बारिश के दिनों में झपाटे से पानी हवा के साथ किताबों पर पड़ती है। बटरोही, बालशौरी रेड्डी, बाबू देवकीनंदन खत्री, बिमल मित्र और बंकिम बाबू सब...भीग कर गलगला गए हैं। ऊँची छत पर शहतीर से टिका लम्बे डैने वाला पँखा घों-घों आवाज़ करता है। धीमे-धीमे घूमता है। ठीक नीचे मेज़ पर फैलाए भीगे किताबों के पन्ने फड़फड़ाते हुए कहते हैं देखो मुझे देखो, किताब कहती है पढ़ो-पढ़ो। पत्नी आज़िज आ कर कहती है, मैं मायके चली, तुम सँभालो अपना राजपाट।'

किताबों के बीच, सपनों के बीच आदमी सोचता है, यही ठाठ हैं अपने, यही सपनों की यारी, यही मेरे अज़ीज मेरे हमनफ़स हमनवा। वह बड़े प्यार से, बड़े जतन से किताबों को पोंछता-छूता है। ऐसी ख़ुशी ऐसी जैसे मीठे शराब के नशे का दम तोड़ती नब्ज़ उतरती उदासी। नसीब में सपना है, किताब है, सपने का सपना है...

बाबू देवकी नंदन खत्री 'कुसुम कुमारी' के बीच से झाँकते आँख मारते हैं, एक और गया, गुलफ़ाम।

तुमी बाजना बाजाओ न कैनो

अनुराज रामदूथ पुराने मंदिर के चबूतरे पर सूखे पत्ते हटाता जीर्ण खंभे से पीठ टिकाता बैठ जाता है। धूप चेहरे पर बरसती है। कपड़े के जूते धूल से अटे हैं। इस बियाबान सुनसान में छूटा-लुटा भक्ति स्थल, साँप की बाँबी और फ़र्श

फोड़ते तने का बवंडर। कोई राहगीर दूर से आता दिखता है। पास आता है। चुग्गी बकरा दाढ़ी और गिरी हुई मूँछें! अपने कद से लम्बी लाठी को टेढ़ा करता अपनी हथेली टिकाता और हथेली पर ठुड्डी टिकाता ताकता है। चेहरे पर निश्छल, भोली पर एकदम जानकार मुस्कान।

नी हाउ।

राहगीर मुस्कुराता है, उसकी मुस्कान मीठी है, आँखें शरारत से हँसती हैं। रामदूथ अकबका कर बोलता है, सात भाषाएँ जिनको जानता है। राहगीर अपने चमड़े के चप्पल उतारता चबूतरे का कोना पकड़ लेता है। चप्पल पर उसकी उँगलियों के निशान बन गए हैं।

मैं ग़लत आ गया इस बार, फिर धूप से बदरंग पड़े थैले से नक्शा निकालता है। देखो, *यहाँ से चला था, यही रास्ता था।* मार्कस औरेलियस को कोट करता है, *इतिहास की अपनी सांत्वनाएँ होती हैं, नहीं? हमेशा। ग़लत रास्तों की तो और भी।*

रेगिस्तान में गर्म हवा और दुष्ट शैतान होते हैं और राहगीर उनका सामना होने पर ख़त्म हो जाते हैं। उसकी आवाज़ साफ़ और स्थिर है, जैसे ख़ुद से पाठ कर रहा हो। *सही मार्ग चुनने का सिर्फ़ एक तरीक़ा है, रास्ते भर मृत लोगों की सूखी हड्डियों के संकेत निशान खोज लेना।*

मिला था मुझे एक, चौदह सौ अठासी का केप ऑफ़ गुड होप से होता हुआ बार्थोलोमियो डियाज़ का नक्शा, कोई नाविक था तीन सौ निन्यानवे ईसवी में, ताओ चिंग का परिचित था। रात भर सर्द हवा से बचते हम उसके समुद्री संगीत को सुनते रहे थे। तब हम तुन हवांग से शेंजेन ही पहुँचे थे। हमारा पूरा सफ़र हमारे आगे था, फिर यह चा में हमें ऐसे ही मिल गया था। उसकी दाढ़ी में कुछ और सफेदी आ गई थी और उसने कुछ और नये धुन सीख लिए थे। गोबी मरुभूमि में रात को अलाव के घेरे में बैठे हम खोतान और पामीर की बात कर रहे थे और वही धुन रबाब पर बजाता कोई मूर अँधेरे में अस्पष्ट दिखा था। कॉर्दोबा से आया था। आरागॉन के फर्दिनांद और कास्तील की इज़ाबेला के विवाह के बाद मुसलमानों और यहूदियों की नृशंस हत्या के दास्तान सुना रहा था।

अल अन्दलूस, कंस्तुंतुनिया, कतालोनिया, रामदूथ बुदबुदाता है। फिर अकबका कर सोचता है, गाज़ीपुर, आरा और हज़ारीबाग। *मैं तो अपने पुरखे खोजने आया, गन्ने के खेत में काम करने वाले अनुबंधित गुलाम रामदूत और रामनगीना, आप्रवासी संख्या तीन एक दो चार एक शून्य और तीन एक दो चार*

एक एक। आरा से पोर्ट लुई तक का सफ़र। और अब क्वात्र बोर्ने से फिर बिहार, बंगाल।

राहगीर नक्शा थैले में समेटता उठ खड़ा होता है। *कुछ सौ साल ग़लत आ गया हूँ, बस,* एक मीठी मुस्कान के साथ कहता है, *ख़ैर कोई बड़ी बात नहीं। सांतरागाछि का रेलवे स्टेशन गजरमगर है। दक्खिन को जाने वाली गाड़ी पकड़ूँगा फिर मुर्शिदाबाद, बैन्डेल, चन्दननगर, फिर नादिया, बारासत, तामलुक। सोलह सौ साठ में गोमेज़ डी सोतो ने बैन्डेल में चर्च बनाया था, कुछ समय वहाँ फिर आगे। शांदेमागोर में जोसेफ्ह फ्रांसुआ दूप्लेक्स। कोल्याण हाल्दार ने यही पता बताया था।* एक मुड़ा-तुड़ा पुरजा निकाल कर पता देखता है।

कितना समय हुआ?

रामदूथ घड़ी देखता है। *अभी सिर्फ़ बारह बजे हैं।* राहगीर च्च-च्च की आवाज़ निकालता नकार में सर हिलाता है, *नहीं-नहीं ईस्वी कौन सी?*

रामदूथ कलाई पर बंधे क्रोनोग्राफ में साल देखता है, चाँद समय देखता है। राहगीर की कलाई पर कोई घड़ी नहीं सिर्फ़ एक गोदना है, देवनागरी में या शायद कैथी में फा हियेन। तीन सौ...निन्यानानवे ईसा पूर्व और वह स्पैनिश इंक्विज़िशन तो पंद्रहवीं सदी में और सत्रह सौ तीस में व्यापार के लिए ट्रेडिंग पोस्ट, हुगली नदी के दाएँ तट पर फ्रांसिसियों ने बंगाल के नवाब इब्राहिम खान से व्यापार करने का करारनामा लिया। समय का ऐसा फेर... ?

राहगीर धूल भरी सड़क पर ओझल होता छोटी आकृति मात्र है। रुको-रुको, मुझे उस पन्द्रह सौ दो वाले नक्शे का पता तो बताते जाओ और उस जहाज का जिसमें मेरे पुरखे अपनी धरती छोड़ किस अजाने देश निकल पड़े थे।

लो, पानी पीयो। मैं हिमालया मिनरल वॉटर की बोतल रामदूथ की तरफ़ बढ़ाता हूँ। तमतमाए चेहरे की बेचैन हड़बड़ाहट से उसकी नींद खुलती है। *सुनो, अभी फाहियान को देखा। यहीं था, मुझसे सदी पूछता था।*

धूप ने तुम्हारा दिमाग़ पगला दिया है। चलो गाड़ी का टायर बदल गया है। निकलें?

आपनार की कोथा बोले छीलाम? बाबू ऐई रोकॉम चोलबे ना, बेनीमाधव घोषाल ड्राइवर से बहस कर रहे हैं। गाड़ी की पिछली सीट पर हमने सामान पटक दिया है, रामदूथ लौटता है, चबूतरे पर छूटी किताब उठाने। सूखे पत्तों के बीच नरम- नरम मिट्टी में दो पाँव के और एक लाठी के टेक का निशान और उसके बगल में धूल में कुछ आड़ी-तिरछी लाइनें पाड़ी हुई हैं। बज्जिका में

लिखा है आरीवे देस कूलीज़ आनीनेम, सिर्का अठारह सौ साठ। अठारह सौ साठ में कुलियों का आगमन।

तुमी बाजना बाजाओ न कैनो? सड़की पर रुकी बस में बैठी औरत बच्चे के हाथ में दस पैसे वाला इकतारा देख उससे रार कर रही है, *कैनो?*

सपना-सपना

मैं सपने देखने के सपने देखता हूँ।

हवा तेज़ चलती है, सीटी बजाती और गौरेया फुदकती है खिड़की के सिल पर, रेडियो सिलोन पर पुराने गाने बजते हैं, प्रीतम आन मिलो...और बाहर सड़क पर सिलबट्टे कूटने वाला फेरी लगाता है सुनसान सड़क पर,, अकेला।

सब दरवाज़े बन्द हैं, एक परिन्दा तक झाँकता नहीं। सिर्फ़ एक लाल चेहरे वाला लंगूर सफ़ेद चूने लगी छत पर से ताकता है, बिटर-बिटर आँखों से, कपड़े तार पर फड़फड़ाते हैं, अभ्रक लगे दुपट्टे और कलफ़ की गई पाँच गजी साड़ियाँ और सफ़ेद पजामे के नाचते पैर, बिन बाँह की नीली शमीज़।

शायद जब बादल घुमड़ेंगे तब मोर नाचेगा अपने पंख फैलाकर।

शायद उसका एक जादू गिर जाएगा, फिर टंग जाएगा उस दीवार पर जिसमें एक खिड़की खुलती है, रंगीन छींटेदार परदे के पीछे।

बाबू रात को बारह बजे तक लैम्प की रौशनी में पढ़ेगा, माँ रात को एक गिलास हॉर्लिक्स रख जाएगी फिर, बिवाई वाले तलवे पर वैसलीन मलेगी, बिंटी पॉन्ड्स ड्रीमफ्लॉवर टॉल्क अपने गरदन पर छिड़क कर डूब जाएगी उमस भरी नींद में।

रात के अँधेरे में बहादुर की 'जागते रहो' गूँजेगी, फिर लाठी की ठकठक और तेज़ सीटी, चाँद साक्षी है...साक्षी है तब जब टीवी पर देर रात देखता है कोई पेरिस ज़तेम और सोचता है इस समय का हो कर भी इस समय का मैं नहीं।

मैं पन्ने पलटता हूँ, ये दुनिया झप्प से ओझल हो जाती है, शब्दों का बोध ख़त्म होता है, समय ख़त्म होता है, मैं एक गुमशुदा घर का बाशिन्दा हूँ, एक खोये सपने का मालिक, अपने समय से बिछुड़ा एक अदना सा मुसाफ़िर।

नीलगाय चर जाते हैं सपने हर रोज़ और मैं हर दिन की ऊब को जम्हाई में भर कर पी जाता हूँ, आईने में देखकर कहता हूँ...यू आर ऐन ऐडिक्ट नीडिंग

योर फिक्स ऑफ़ ड्रीम्ज़ एवरी नाइट...शुक्र है अब भी सपने देखने के सपने देखता हूँ, दीवार पर जबकि काली परछाइयों का शोकगीत है...

तैमूर तुम्हारा घोड़ा किधर है?

बूढ़ा गरम कपड़ों में लिपटा, पनियायी आँखों से देखता है, जीवन जो बीच चुका। अब और कुछ नहीं है इंतज़ार के सिवा। चाय की प्याली से हाथ सेंकता सोचता है अब भी वही तीस साल का फुर्तीला जोशीला लड़का कुंडली मार कर बैठा है भीतर। क्या होगा उसका मृत्यु के बाद।

यह वह नहीं, मैं सोचती हूँ। बियाबान चट पहाड़ों के बीच कहीं खो जाती-सी, जाने कहाँ जाती-सी। सड़क पर घंटों चलते शरीर अकड़ जाता है। इतनी ऊँचाई पर साँस की भी दिक़्क़त। तराई पर अपने कमरे का गर्म सुकून याद आता है। सच पागल हुए थे जो ऐसे जोखिम भरे रास्ते पर चल पड़े। ऐसी कैसी घुमाई। हलकी धीमी उबकाई साँस के साथ चलती है। उस उचाट बियाबान में इस चाय की गुमटी का मिल जाना भगवान का मिलना है। गुमटी के पीछे दो देसी मुर्गियों के बीच एक बाँका मुर्गा कलगी फैलाए शान से देखता है। मुर्गियाँ अच्छी गृहिणियों की तरह एक बार हमें देखकर पथरीली चट ज़मीन में फिर कीड़े-मकोड़े तलाशने में जुट जाती हैं। टेढ़े बेढंगे दो टाँग पर टिके पटरे पर बैठना ख़तरे से ख़ाली नहीं पर बूढ़े के इशारे पर हम बैठ जाते हैं, ठंड से सिकुड़ते और लालसा से ओट में जलते चूल्हे की आग की गर्मी और खदबदाते देग से गर्म भाप को आँखों से पीते, हम ताकते हैं बाहर की पहाड़ियों की तरफ़, फिर भीतर के सफ़ेद गंदलाए अँधेरे की तरफ़। फट्टों की दीवार के फाँक से आती हवा से हिलते पिछले साल के कैलेंडर और ताक पर रखे पीतल के बुद्ध भगवान की मूर्ति के सामने लोबान के उठते धुएँ की तरफ़। बुद्ध अपनी मंगोल आँखों से अनुकम्पा बरसाते हैं।

कभी तैमूरलंग इसी रास्ते आया होगा, समरकंद, अमु दरिया से एटोक होते हुए दिल्ली। शहरों और गाँवों को लूटते हुए, बाशिन्दों को मौत के घाट उतारते हुए, औरतों को हवस का शिकार बनाते हुए और फिर नब्बे हाथियों पर सिर्फ़ बेशक़ीमती पत्थरों को लाद कर और बाक़ी लूट का माल लिए लौटा होगा बीबी खानम मस्जिद बनाने के लिए।

मुझे नक्शे देखना पसन्द है। उँगली रखकर मैं तैमूर के रास्ते चलती हूँ,

हेरात, इस्फ़ाहन, शीराज़। क्या ज़माना रहा होगा। तैमूर सुनते हैं लंगड़ा था और घोड़ों पर सवार अपने सैनिकों के साथ, दुर्गम दुर्दांत दर्रों और पहाड़ियों से, बर्फ़ीली हवाओं वाली तराई से, कँपकँपाती ठंड में कैसे जोखिम उठाते निकल पड़ा होगा। कैसी अदम्य जीवनी होगी। धूल उड़ाते, भालों और तलवारों और नेज़ों से लैस चमड़ों के पट्टों की जीन कसे अरबी घोड़े मुँह से झाग उड़ाते उड़ते होंगे, धूल, पसीने, थकन से पस्त, भूरी दाढ़ियों में कहाँ-कहाँ की धूल भरे, अपने अन्दर की आग जलाए। जीना, मरना फिर जीना। व्यर्थ नहीं, हमेशा किसी सार्थकता की तलाश में। और बेचारी औरतें? हमेशा पहला निशाना, आतताइयों के, हमलावरों के, लुटेरों के। वही जीवन का तरीक़ा था। अ वे ऑफ़ लाइफ। कितना ऐडवेंचर, कितनी तकलीफ़ें।

मेरी उँगली तैमूर के साम्राज्य की सीमाओं पर फिरती लौट आती हैं। अपने खोल के अन्दर दुबक जाती हैं। पोरों से मैंने एक संसार छू लिया। किसी ने कहा था, तुम्हारे अन्दर वह आग कहाँ है?

मैं खोजती हूँ, टटोलती हूँ अपने भीतर। इस आग को लेकर मैं भी तैमूर बन जाऊँगी। सब तज कर किधर अपने सपने खोजती निकल जाऊँगी? अपने मन की भीतरी सब गुफाओं और खोह की पड़ताल कर लूँ पहले, दुबके अँधेरों को पहचान लूँ, अपनी आत्मा से सब संताप मिटा दूँ तब मेरे पैरों की नीचे ज़मीन होगी न, ठोस ज़मीन। मैं अपने पंख चमकती धूप में फैला कर आसमान देखती हूँ। आसमान आज ख़ुशी का नाम है।

गाड़ी के बोनट पर थोड़ी धूल जमी है। उसका पिछला चक्का बैठ गया है और स्टेपनी, मालूम पड़ता है कि पिछले पंक्चर के बाद बदला गया था, बनवाया नहीं। दोनों पुरुष गहन बहस में जुटे हैं। चाय गुमटी बूढ़ा अपनी पनियायी आँखों से चुप देखता है। उसकी जवान चिपटे सेब गाल चेहरे वाली बहू बिना कुछ समझे हँसती है। कोई गैराज? मेकैनिक? पर भी मुँह पर हाथ धरे फिर हँसती है। रियर व्यू मिरर से लटकती घंटी धीमे से हिलती है, पेंडुलम की तरह, फिर स्थिर हो जाती है। मैं अपनी दुखती एड़ियों को जूते की क़ैद से निकालते सोचती हूँ, तैमूर तुम्हारा घोड़ा किधर है?

चीख

ख़ुशी एक याद है। बचपन जैसी। फिर कैसे भूलती हूँ। वो रास्ता गुम हो जाता

है समय में। पीछे-पीछे पाँव रखते पहुँच नहीं पाती वहाँ जहाँ से सब शुरू हुआ था। उन दिनों को याद रखना इतना ज़रूरी क्यों था? अब सिर्फ़ एक चीख की गूँज जैसा कुछ क्यों बाक़ी है।

बच्चा ज़ोर से खिलखिलाता है। उसके चेहरे से धूप छिटकती है। मुड़ कर जाती हुई औरत देखती है, मुस्कुराती है फिर चल पड़ती है। हवा में अचानक जाने कहाँ से आए कपास के फूल तैर रहे हैं। तितलियों को देखे ज़माना बीता। और शायद कुछ दिनों में पेड़ और हरियाली को देखे भी, ऐसे ही ज़माना बीतेगा। मेरे आसपास लोग बात करते हैं, ज़ोर-शोर से। शेयर प्राइसेज़ और रियल एस्टेट के फ्लकचुयेटिंग रेट्स पर। आचार संहिता लागू हुई तो अब किसी भी नये काम के लिए इलेक्शन कमीशन की अनुशंसा लेनी पड़ेगी। काम का लीन पीरियड अच्छा है। बैंगलोर में कोई मकान ख़रीद रहा है। ईएमआई और ब्याज दर की और वाया बैंकाक योरप टूअर के लिए एसओटीसी की शानदार स्कीम, स्पाउज़ की बजाय कम्पैनियन ले जाएँ पर ज़ोरदार कहकहा...

कोई नहीं देख रहा कि अब तितलियाँ नहीं दिखतीं। या यह कि ख़ुशी सिर्फ़ गए दिनों की याद है। या यह कि काम क्यों रुक रहा है? इसीलिए हम अभी तक इन्फ्रास्ट्रक्चर के मामले में इतने कंगाल हैं, सिर्फ़ इन्फ्रास्ट्रक्चर क्यों? और हर मामले में ग़रीब ग़रीब।...बस कंगाल। भावनात्मक रूप से भी...किसी तरीक़े का बोध हम में नहीं है। मुअनजोदड़ो और हड़प्पा बनाने वालों की संततियाँ कूड़े के दलदल में बसती हैं। सामने शीशे की विशाल खिड़कियों से मेट्रो का घुमावदार कंक्रीट दिख रहा है। उसमें भी एक तरीक़े की सुंदरता है। स्लीकनेस है, नई टेक्नोलॉजी का क्या शानदार नमूना है। कुछ-कुछ 'द ग्रेट बाथ' जैसा ही शायद। फिर यहाँ से वहाँ जाना कितना सुविधाजनक, नहीं? पीले सेफ्टी हेलमेट में मजदूरों की शक्ल की भुखमरी नहीं दिखती। सिर्फ़ रौशन पीलापन दिखता है, कंक्रीट कर्व का स्लीकनेस दिखता है। हम उतना ही देखते हैं जितना देखना कम्फर्टेबल होता है। रिश्तों में भी तो। हम ऐसे ही ब्रीड के हैं। हमारे आसपास भय का गहरा कुआँ तैरता है, अनाम चीखों का और हम पुरज़ोर कोशिशों में लगे हैं, अपने आप को बचा लेने की, अपनी आँखें और कान बन्द कर लेने की। हम सब इस पृथ्वी के शुतुरमुर्ग हैं।

मैं क्लयरवॉयेंट हूँ। चीज़ों के घट जाने का आभास एक छाया है। मैं सिद्धार्थ बन कर निकल जाऊँ कहीं और बुद्ध बन जाऊँ? या कहीं किसी गाँव में संतरे के पेड़ के नीचे बैठकर होमर पढ़ूँ या मेघदूतम। एक महक आती है, सूखे पत्तों के जलने की। धुएँ का स्वाद मुझे अच्छा लगता है। मुझे लगता है

कि मैं भारी लती बन सकती हूँ। धुएँ का स्वाद कुएँ के पानी के स्वाद सा लगता है। कल सबसे तीव्रता से ऐसा लगा। पीछे, कॉल सेंटर की बिल्डिंग से लड़के और लड़कियों की चहचहाहट सुनाई देती है, फिर एक तेज़ आवाज़, डोंट एवर कॉल मी नाउ। मैं मुड़ कर देखती हूँ। अँधेरे में कोई लड़की शायद सेलफ़ोन पर अपने दोस्त से झगड़ा कर रही है। मैं अँधेरे में उठते धुएँ को, जिसमें युक्लिप्टस की पत्तियों की ख़ुशबू है, छाती में भरते सोचती हूँ अँधेरी रात और निर्वाण का कैसा अनोखा संबंध है।

उन सारी नियामतों के नाम

मैं उसे चिड़िया बुलाती हूँ। मेरी आवाज़ एक धीमी फुसफुसाहट है साँस जैसी, और चिड़िया हँसती है लगातार। बेतहाशा। फिर नरमी से कहती है—अब सपने देखो।

समन्दर कहते मैं आह्लादित होती हूँ। समन्दर समन्दर। लहरों का गर्जन मेरी शिराओं में गूँजता है। वहाँ जहाँ ज़मीन नहीं। मछलियाँ हैं। नमक है। सीगल भी हैं शायद और फेन। और। और पुराने जंगी जहाज़। कोलम्बस का बेड़ा। ख़तरा। बहुत सा रोमांच। तेज़ थपेड़ों में उड़ते बाल, गालों पर नमक की तुर्शी, ज़िन्दगी। मैं थोड़ा सा मर जाती हूँ। मैं बहुत सा जी जाती हूँ।

किताब के पन्नों के बीच वो नक्शा। पेचदार, गूढ। कुछ पीला पड़ा। घुमंतू बंजारा रुककर साँस लेता खाता है पनीर का सूखा टुकड़ा, पीता है घूँट भर कोई सस्ती शराब। आस्तीन से मुँह पोंछता, नक्शे को समेटता चल पड़ता है मेरे सपने के बीच से ही अचानक।

समन्दर की छोटी सी लहर छूती है मेरे पैर को। चिड़िया मेरे बाल को। मेरा मन मुझे।

मैं उसे चिड़िया बुलाती हूँ। समन्दर कहते ही मैं आह्लादित होती हूँ। रात भर नक्शे की महीन बारीक़ रेखाओं पर बनते हैं निशान, उँगलियों के, समन्दर, आसमान, रेत के, बवंडर चक्रवात के, छनती हुई रौशनी और झरते हुए अन्धकार के, धुएँ और सब्ज़ ख़ुशबू के, होंठों पर नफ़ीस स्वाद के, जीवन की सबसे बढ़िया चीज़ों के, उन सारी नियामतों के निशान, तमाम नियामतों के...

अँधेरों के बावज़ूद बावज़ूद बावज़ूद...

नसों के भीतर तब चाँद उतरता है, पत्थरों पर, मूँगों पर, छतनार पत्तियों

पर। कहते हैं कोई पूर्वज पागल जुनूनी यायावर रहा था। लहरों में जीया था, वहीं मरा था।

इस समय का मैं नहीं...

सराय के आगे घुड़सवार रुकता है। घोड़े के मुँह से फेनिल झाग नीचे गिरे उसके पहले गर्द भरे चेहरे से उल्टी हथेली थकान पोंछते, हारे गिरे कन्धे को समेटता, अस्फुट बुदबुदाता है, इस समय का मैं नहीं, ये समय मेरा नहीं...

भट्टी के आगे, सुलगते अंगारों पर कड़कड़ाते, हथेलियों से ताप उठाते, जोड़ती है, मन-ही-मन गुनती है, झुर्रियों के जाल में खोजती है सब सपने जो मर गए, अंगारों के फूल भरती छाती में, हुक्के के तल पर गुड़गुड़ाता है पानी, समय? पीरागढ़ी का सराय इस वक़्त भी खुला है, मुसाफ़िरों के लिए...

चौड़ी सड़क शहर का सीना चीरती है, जैसे बचपन में देखा किसी विज्ञान कथा का दृश्य हो। घुमावदार फ्लाईओवर्स, जगमगाती रौशनी के तले बंजरपने का गीत हो। घुड़सवार भौचक है, देखता है, घोड़े की नाल बजती है, पीछे कोई गुबार नहीं छूटता...

आज के समय में सब भारमुक्त है

कितने चौकन्ने रहें? उतने जितने दो हज़ार साल पहले थे, गुफाओं में? जंगली नरभक्षी जानवरों की गुपचुप मारक पदचाप से? उफनते नदी के पानी से? बेकाबू, बेलगाम आग से? चौकन्ने-चौकन्ने, आतंकित? सहमे? फिर हमने डर पर क़ाबू किया, जैसे आग किया, पानी किया, तूफ़ानी थपेड़े और कबीलाई हमले किये, प्यार, नफ़रत और मृत्यु की, बीमारी की। हम विकसित हुए। चार पैरों से दो पैर वाले हुए, बड़े माथे से सारिक मस्तिष्क वाले, सोचने-समझने-तौलने वाले बुद्धिमान हुए। जंगल से शहर, देहाती से नागरीय क्या...क्या नहीं हुए सिर्फ़ चौकन्ने नहीं हुए।

फिर बम फूटे, आगजनी हुई, गोली चली। लोग मरे, पुरुष, नारी, बच्चे। ग़लत समय में ग़लत जगह? या सही समय में सही जगह हम बचे, वो मरे ग़नीमत ग़नीमत। जब कल वो बचेंगे..., हम मरेंगे तब उनकी ग़नीमत। मन

ऐसा ही सुन्न हुआ। न ग़ुस्सा, न दुख, न क्षोभ न आक्रोश। ऐसे समय में जीना भी कोई जीना है? ईंश्वर ने हमारी प्रार्थना सुन ली, हमें बख्शा या ईश्वर ने...ऐसी दुनिया से निज़ात दिला दी...हमारी सुन ली...

चारों ओर किसी प्रहसन का अन्तिम भाग खेला जा रहा है देख भई खेल..., नौटंकी? तमाशा बोल...बोल कर गर्दन की नस रस्सी बनी है, कोई न सुने भला...बस इतना की चौकन्ने रहो, मुड़ मुड़ कर पीछे देखो, अँधियारी रातों में डर सींचों, बिलों में रेंग जाओ, तूफ़ान की आशंका में जहाज़ छोड़ चलो, भागो भागो फिर भी चौकन्ने रहो।...पुरखों का चौकन्नापन उनकी कब्रगाहों की मिट्टी से उठा ताबीज़ बनाओ सातवीं इन्द्रिय...विकसित करो उस बिल्ली की तरह जो शिकार पर घात लगाए..., दबे पाँव, सतर्क चाल हमला करती है...

हमारे शब्दकोश से चुन-चुन कर उन शब्दों को ख़ारिज कर दो जो किसी अन्य भाव को दर्शाते हैं। फिर देखा कि शब्दकोश कुछ आड़ी-तिरछी रेखाओं का संकलन मात्र रह गया है। किसी ने आदेश का पालन किया और सभी शब्दों पर सफ़ेद रंग पोत दिया। अब ग़नीमत है, किसी के पास भी व्यक्त करने को शब्द नहीं...सब भारमुक्त हैं! सब...

बाजूबन्द खुल-खुल जाए

रही होगी कोई बात जिसका सिरा पकड़ कर तुम बढ़ गए आगे कहीं, वहाँ जहाँ लाड़-दुलार की गुनगुनी ताप में नहाए बैठे थे हम बावजूद..., किसी ख़ालीपन के शून्य में हाथ पसारे मैं खड़ी थी तुम्हें खोजती हूँ कहती.., आँख पर जाने कैसी काली पट्टी बाँधे हाथ बढ़ाए किसी बचकाने खेल को माइम करती...खोजती थी...

तुम आँख मूँदे बोलते, जानती हो उस मायन संस्कृति में, मिथ के अनुसार वीत्सीलोपोचत्ली ने घुमंतुओं को निर्देश दिया एक शहर बसाने का, वहाँ जहाँ वो देख सकते थे नोपाल कैक्टस के ऊपर पड़े अलसाए साँप को बाज़ का शिकार होते हुए। मिथक के अनुसार मेक्सिका लोगों ने अपना मुख्य शहर बनाया टेनोशटीटलैन में...

और मैं कहती आदमी के अन्दर नैसर्गिक प्रेम नहीं होता नैसर्गिक घृणा होती है..., प्रेम हम सीखते हैं...जैसे बचपन में...न...प्रेम सीखने और फिर याद करते रहने की चीज़ है। झूम-झूम कर पहाड़ा रटते थे, है न...ये पन्द्रह का

पहाड़ा देखो अब याद है मुझे पन्द्रह का पंद्रह, दूनी तीस, तिया पैंतालिस, चौके साठ यहाँ भी मैं शातिर होती हूँ, एकमात्र पहाड़ा जो याद रहा कि क्या मज़े की राइम थी ये शातिरपना भी...नैसर्गिक है, कितना चाहे छुपाओ, जब तक कंबल से मुँह निकाले शरारती बच्चे सा अपनी मौजूदगी दर्ज कराता रहता है...

तुम संजीदगी से देखते हो, बिना मेरी चालाकी से विचलित, जैसे बच्चे को शरारत करने की छूट दी गई हो, फिर किसी गुरु गम्भीर वाणी में कहते हो, हाँ तो मैं मानव सभ्यता की बाबत तुम्हें बता रहा था...

मैं देखती हूँ, बाहर हवा से फर्न के पत्ते हिल रहे हैं, एक कबूतर अपने जोड़े को देख रहा है, कहीं बगल के छन्न से तरकारी छौंकने की आवाज़ आ रही है, पिछली रात तुम्हारे पीये गए सिगरेट की टोंटी झूले के पास गिरी है, तुम्हारी आवाज़ का खुरदुरापन मेरे हाथों को सहला रहा है, मेरी आँखें तुम्हारे चेहरे पर गड़ी हैं, मेरा चेहरा मेरी हथेलियों पर टिका है...

मैं तुम्हें नहीं बताती कि मायन सभ्यता पर जितनी बातें तुम कह रह हो, वो सब मैं जानती हूँ, बहुत पहले से...

कहीं दूर से 'बाजूबन्द खुल खुल जाए हवा में तिरता है मेरे आसपास...

उफ्फ! ये लड़की

पुराने अख़बार के ठोंगे से मोटे-मोटे दालमोठ टूँगते लड़का कनखिया कर ताकती है। लड़की गुलाबी सलवार-समीज में, बाल की एक लट कान के आगे गिराए शरमाती है। लड़की की मुटल्ली माँ अपनी फैली कमर के गिर्द एहतियात से आँचल लपेटती है। गिद्ध दृष्टि से बारी-बारी से लड़के फिर लड़की को ताकते हैं। मुँह पर आई मक्खी को भगाती है, हाथ वाला पंखा झलती है। गुमसाइन गर्मी से सब बेदम हैं। प्लेटफ़ॉर्म पर लम्बे डंडे से लटका काला पंखा अपने डैने बेजारी से हिलाता गर्म हवा धीरे से फेंकता है। लड़का अपने नकली एरिस्ट्रोकेट सूटकेस पर अड़ंगे बैठा है। सामने बेंच पर लड़की और उसकी माँ हैं। माँ रह-रह कर सामान टटोलती है। कभी ज़िप खोलकर कपड़े के बैग से कोई चार पॉलीथीन में क़ैद किसी काग़ज़ की जाँच करती है, कभी बटुआ खोलकर टिकट चेक करती है, कभी निमकी मठरी का छोटा स्टील का डब्बा निकाल लड़की को पूछती है, खाएगी निमिया ? निमिया अपने निर्मला नाम के अपभ्रंश पर सकुचा कर झल्लाती और कहती, क्या मम्मी तुम भी ? एक बार

लड़के की तरफ़ देखती है। लड़का इस बार आराम से मुस्कुराता है।

लड़की के होंठों के ऊपर पसीने की बूँदों की रेखा है। ज़रा मचल कर कहती है, मम्मी एक लिमका पी लें?

मम्मी बड़े बैग से छोटा बटुआ सात तहों के अन्दर से निकाल कर लड़की को तुड़ा-मुड़ा नोट पकड़ाती है। हमारे लिए एक पेपरमिंट लेती आना। लड़की सामने स्टॉल से लिमका, पेपरमिंट ख़रीदती है। लड़का विल्स का एक पैकेट ख़रीदता उसके बगल में खड़ा हो जाता है। इस गरम दोपहरिया में ट्रेन का तीन घंटे चौवालीस मिनट लेट होना नहीं सालता है। लड़की की नुकीली नाक और कान के लाल बुन्दे, कुछ मीठा-मीठा उमगता है। सब हलका हलका। बीसों इन्टरव्यू से नाकाम लौटना, नौकरी वाले दोस्तों के बीच एकमात्र बेरोजगार रहना, बड़ी बहन के शादी न होने के दुख में माँ का दिन रात बुड़बुड़ाना, बाबूजी के सैंडो गंजी से झाँकते सफ़ेद छाती के बाल सी आँखों में स्याह उदासी देखना, सब कहीं पीछे छूट जाता है। जब घर पहुँचेंगे तब फिर सब सोचेंगे-देखेंगे। फ़िलहाल लड़की को देखेंगे के भाव से लड़का कश लेता है। लड़की समझ रही है कि देखी जा रही है। धीमे-धीमे मुस्कुराती गुनगुनाती है साँस के भीतर से। उसको क्या पता किसी गोलमटोल गुलथुल से ब्याही जाएगी साल-दो साल में। फ़िलहाल देखा जाना अच्छा लगता है उसे। इस मध्यमवर्गीय जीवन में रस के कुछ क्षण।

सन उन्नीस सौ पैंसठ में जॉन लेनन अपना गाना गर्ल लिख रहे थे। चिलम में मारियुआना पीते गहरी साँस भरते वे गाना गा रहे थे, प्रेम के बारे में, किसी पीली पनडुब्बी के बारे में, बारिश के बारे में, मिशेल और किसी नॉर्वेजियन जंगल के बारे में। संसार के बारे में कुछ ऐसे भोलेपन और विश्वास से, ऐसी सहज सरलता से धूप में खड़े होकर बरसात के गाने..., तारों भरे आकाश की बातें, एलएसडी और वालरस वाज़ पॉल। धूप सने बिम्ब, आशा के चित्र, इमैजिन और स्ट्रॉबेरी फील्ड्स। किसी पालतू कछुए की पीठ पर रंगा खरगोश? कैसी साँस भर लेने की मासूम उकताहट थी। कैसा रंगीन धुआँ जीवन था।

ओह कैसी तुलना? इस अलस दोपहरी में निमिया लिमका का बोतल मुँह से सटाती है। ठंडा तक नहीं। लड़का देखता है, सिगरेट का धुआँ, लड़की का गुलाबी कुर्ता, किसी और आती रेल की सीटी। माँ पैर मोड़ती है, पँजे फैलाती है, उफ्फ सो गया पैर किसी जैसे पिछले जनम में। ऐसी ही गुलाबी सलवार-शमीज में जाने कहाँ-कहाँ आती-जाती रहीं। जाने कौन देखता था बिना इल्म हुए। किसी ज़माने में, किसी और ज़माने में।

लड़का लड़की को ताकते सोचता है जॉन लेनन नेपथ्य से। ये लड़की उफ्फ...गाता है शीज़ द...काइंड ऑफ़ गर्ल यू वॉट सो मच इट मेक्स यू सॉरी...

औरत हैट और तैमूर

शायद तैमूरलंग या चंगेज़ ख़ान ऐसे ही दिखते होंगे। तीखी नाक और मंगोल आँखें। नाक से होंठों तक की रेखा में निर्मम क्रूरता दिखती होगी। फिर वो हँस देता है। सफ़ेद दाँतों की चमक और मूंदे आँखों में ऐसा भोला सरल हास्य कि धूप खिल जाती है चेहरे पर। उसकी कहानियाँ अनवरत चल रही हैं। मैं खिड़की के बाहर नदी के साथ-साथ चलती सड़क पर चल रही हूँ। मुझे पता था कि चाय बागान ढलानों पर होते हैं, पानी न जमे इसलिए। फैरो की ज्योग्रफी याद आती है। पर यहाँ तो सपाट ज़मीन पर चाय बागान हैं। महाशय फैरो, दोबारा लिख डालिए मैं स्मगली सोच कर मुस्कुराती हूँ। एक वक़्त फैरो की मोटी किताब से कितनी चिढ़ होती थी। ज्योग्रफी मेरा पसन्दीदा विषय नहीं था। अब लगता है ख़ूब हो सकता है। इतिहास को भूगोल से जोड़ कर और इकोनॉमिक्स को सोशियोलॉजी और एंथ्रोपोलॉजी से जोड़ कर सब समझ जाने का मजा।

चाय के कप के तल पर पत्तियाँ तैरती हैं। कोई पढ़ देता है मेरा भविष्य। मैं देखती हूँ, पत्तियों में कोई इमेज खोजती हूँ, कोई संकेत आगत का, अच्छा इस दिन का ही सही। बन्द और लैंड स्लाइड के बीहड़ ख़तरों से सुरक्षित निकाल लाने का। उसकी ओर देखकर मैं अविश्वास को पल भर पीछे कपाटों में बन्द कर देती हूँ। गाड़ी के स्टियरिंग पर उसकी उँगलियाँ हलकी आश्वस्तता से पड़ी हैं। गोवा में एँटिकेरिया में नाश्ता करता वह जोड़ा याद आता है। शायद पहले दिन कोई लड़ाई हुई थी। लड़की चुप सर्दीली थी। लड़का हर तरफ़ देखता उसे नहीं देखता था। मैं उन दोनों को देखती थी। लड़की के समेटे बाल के नीचे शफ़्फ़ाक दुबली गर्दन पर मुझे प्यार उमड़ा था। पता नहीं इस वक़्त मुझे वो लड़की क्यों याद आई। या फिर वो छोटी सी दुकान जहाँ शगाल की वायलनिस्ट का रीप्रिंट उस फेक फायरप्लेस के ऊपर। मैंने दुकान की मालकिन से हँसकर कहा था, शगाल पसन्द है? उसने मुस्कुरा कर पीछे वाली दीवार पर टंगा साल्वादोर दाली का लैंडस्केप विद बटरफ्लाइज़, शीशे में मढ़ा दिखाया

था। मेरा बेटा सिल्वियो जाने क्या-क्या लगाता फिरता है। मैं सिल्वियो से नहीं मिली पर मुझे उसकी याद आती है। और मज़े की बात, जब-जब उस दुबली गर्दन वाली बेनाम लड़की की याद आती है.., पता नहीं उस न देखे सिल्वियो की याद भी जाने कौन से अजाने तार से आ जाती है। मेरी स्मृति में प्यारा सिल्वियो और दुलारी लड़की।

सिल्वियो रॉड्रीगेस के गीत याद आते हैं। अब शगाल से याद आता है कि सिल्वियो से पता नहीं...मेरी मुस्कुराहट देखकर तैमूर जवाबी मुस्कान देता पूछता है, 'यू आर इंजॉयिंग ?ॅ मेरी एड़ियों का कोना किसी पके ज़ख़्म की तरह टभक रहा है। कल कामाख्या देवी के दर्शन का प्रसाद है। शक्तिपीठ है, जाइएगा ज़रूर। दर्शन और पूजा कराने के बाद बुज़ुर्ग पंडा महाशय गेरुआ धोती और गंजी में शक्तिपीठ की कहानी सुनाते हैं। कितना पुराना मंदिर है, कैसे पहले गर्भगृह में कितना पानी आता था, सती और शिव की कथा। मेरे तलुए गर्म फ़र्श पर जल रहे हैं। बाक़ियों को फ़र्क़ नहीं पड़ रहा।

शायद मुझमें भक्तिभाव कम है। बाद में उनका विज़िटिंग कार्ड और मोबाइल नम्बर लेते मुझे हँसी आती है। किसी को भी दर्शन कराना हो मुझे फ़ोन करिएगा। मैं टीका लगाए सर को समुचित आदर में नवाती हूँ। मुझे ये बुज़ुर्ग पंडा पसन्द आए। सीढ़ियों से उतरते पिता की याद आती रही। बेतरह।

ठंडे फ़र्श पर पट लेटे गाल सटाए आँखें मूँदे मैं सिल्वियो को सुनती हूँ। अविश्वास को पल भर के लिए दूर हटाना चाहती हूँ। भरोसा करना चाहती हूँ। पता नहीं किस पर ? शायद ख़ुद पर। सबसे ज़्यादा तकलीफ़ हम ख़ुद को देते हैं। दूसरा कोई नहीं देता। ऑयल वुमन विद हैट। क्या गाता है स्पैनिश में। मुझे स्पैनिश नहीं आती पर अभी इस गीत को समझने के लिए स्पैनिश सीख लेने की गहरी अदम्य इच्छा होती है।

लौटकर तसवीरें देखती हूँ। नदी की, पहाड़ की, लोगों की। ओह ये कब ली ? तैमूर की खिड़की के शीशे के पार हँसते हुए ? उसकी तसवीर मेल करती हूँ उसे एक शुक्रिया के साथ। उस दिन सही-सलामत निकाल लाने के लिए।

धत्त, ये तो बालूशाही है!

काले, बड़े लकड़ी की कमानी से लैस अजदहे छाते के पीछे उसकी आधी काया छिपी हुई थी। गाड़ी फर्राटे से पार हुई और एकदम पार हो जाते-जाते

देखा उसका चौंका चेहरा, एक पल को काले चेहरे में खिली दूध के कोए सी झक्क आँखें। फिर बरसाती सड़क पर दो-दो तीन के गुच्छे में नीली क़मीज़ और गाढ़े नीले लम्बे कम घेर वाले स्कर्ट में लड़कियाँ, सिकुड़ती बारिश से बचती-बचाती, हँसती-खिलखिलाती, उसी सीलेपन में बेपरवाही खोजती पातीं लड़कियाँ।

सड़क के दोनों ओर पेड़ों का कनात तना है। काले अलकतरे की सपाट सड़क आगे घूम कर विलीन होती जाती है, हर बार सड़क को निगलते गाड़ी के मुँह से आगे तेज़ भागती। लाल मिट्टी और हरे पेड़ और उसके पार हरे खेत। गाड़ी का ए.सी. तेज़ हवा धौंक रहा है। धूप में साइकिल रोके मुड़ कर देखता आदमी पसीने से तर है। औरत के पीठ पर गठरी सा बँधा बच्चा ढुलक कर सोया है। ठीक से दिखने के पहले पीछे छूटता हुआ। सड़क के दोनों ओर कस्बाई दुकान में गाँव का सजा चेहरा दिखता है। मर्तबान के क़तार और दीवार पर परमहंस की तसवीर पर सूखे फूलों की माला, उसके बगल में किसी सफ़ेद मूँछों वाले भद्र स्वरूप बुज़ुर्गवार की फोटो और दीवार के पिछले हिस्से में पूजा के रैक से उठता लोबान अगरबत्ती का धुआँ। गाड़ी रुकी है। खिड़की के पार दुकान में बैठा आदमी निर्विकार भाव से मुझे देखता है। उसकी खुली बाँह पर एक मक्खी चलती है। बताशे के मर्तबान के अन्दर एक चींटा लगातार गोल घूमता है। इस दुनिया का प्राणी।

भागते-दौड़ते विलीन होते पीछे छूटे घरों, लोगों को देखते मैं सोचती हूँ, ये नहीं कि कैसे रहते होंगे ये लोग बल्कि ये कि ऐसे रहते क्या सोचते होंगे ये लोग? सब लोग?

ड्राइवर बोलता है, रास्ता एक किलोमीटर पीछे छूट गया। वहीं से जहाँ से बंगाल की सरहद शुरू हुई थी। बस जैसे एक लाइन खींची हो। इस पार आदिवासी चेहरे, लाल मिट्टी और उस पार बंगाली साड़ी, खुले तेल लगे बाल, सिन्दूर का टीका। मैं सोचती हूँ कैसे तय हुआ होगा कि इस पार ऐसे रहेंगे और उस पार वैसे। और लाइन कहाँ तय हुई होगी? किसने फरमान जारी किया होगा या सब ख़ुद-ब-ख़ुद जान गए होंगे कि इधर ऐसे रहना बोलना है उधर वैसे? जैसे, दूसरे देशों के बीच, समुद्र के बीच, धरती पर कितने कितने लोग खड़े हैं लाइन के आने सामने बताते कहते कि हम तुमसे अलग हैं।

मज़े की बात है लाइन के इस पार भी पेड़ हरे हैं, उस पार भी। उन्हें किसी ने नहीं बताया इस पार उस पार की रीति को। सड़कों को अलबत्ता बताया गया है। इस पार अच्छे और उस पार ऊबड़-खाबड़। छोटी दुकानें, संकरे रास्ते,

बजबजाती नालियाँ, यूनियन का दफ़्तर, मकानों के सामने तार पर सूखते छापेदार रंगीन साड़ियाँ, इधर उधर होते, सुस्त फुर्तीले दिखते जवान, जम्हाई लेते बुज़ुर्ग, घुटने पर हाथ धरे सड़क के किनारे बैठीं औरतें, खाट पर सूखता उबला पीला चावल। स्कूल जाते बच्चे, बिजली के तार और रेल की पटरी। खेत–खेत–खेत, छोटे टुकड़े और कितने पोखर।

गोसाईं कहता है यहाँ का गाजा मशहूर है। पुरुलिया में और क्या? मूड़ी डुलाकर हँसता है दाँत टूटी हँसी, बस गाजा और क्या? दफ़्तर में बैठे चीनी मिट्टी के फूलदार कप तश्तरी में कड़क चाय पीते, नमकीन बिस्कुट का एक टुकड़ा तोड़ते, फाइल्स देखते उठ खड़े होते हैं। छोटे से दफ़्तर में लोग हैरानी से झाँकते हैं, बाहर से आए हैं लगता है।

लौटते ख़ूब झमाझम बारिश। नक्सलाइट एरिया है, ज़रा जल्दी निकल जाएँ की ताक़ीदगी याद रहती है पर अँधेरा भी वैसा ही झमाझम बरस रहा है। झालदा के पास हिन्दू बादशाह होटल में खटिया पर बैठे चाय पीने का मज़ा अब आएगा शायद। मोटे विकराल मच्छर उठा कर न ले गए, नक्सली क्या ले जाएँगे। पानी शीशे को पीट रहा है। अंधेरे में आँख फाड़े याद करती हूँ जगहों के नाम...टाटी सिल्वे, सिल्ली, नवाडीह, तेतला, मुरी, झालदा, टोपशिला, पलपल, अहरारा जैसे...एक स्वाद घुलता है मन में, किसी बिसरी हुई स्मृति का? उस स्मृति का जो है नहीं, उन जगहों की याद जहाँ कभी गए नहीं, वो समय जो अपना था नहीं कभी।

उस याद की याद कैसे आ सकती है जो याद कभी की गई नहीं।

रात को कैपिटल के रेस्तरां मेलांश में बैठे मेक्सिन प्रॉन सूप पीते उस आदिवासी लड़के को कड़क यूनिफॉर्म में मुस्तैद मुस्कुराते देखती हूँ जो किसी गेस्ट के मेलांजे को सही करता अदब से मुस्कुराता है। कमरे में आकर पैकेट खोलती हूँ। रेस्तरां में डेज़र्ट को दरकिनार किया था। अब पुरुलिया का गाजा मुँह में घुलेगा। कूट का डब्बा तुड़–मुड़ गया है। बाहर तक देसी घी की चिकनाई फैल गई है। ढक्कन खोल कर निराशा होती है। धत्त ये गाजा कहाँ, ये तो बालूशाही है? ज़रा निराश, एक टुकड़ा मुँह में डालती हूँ। तृप्ति से आँख मुंद जाती हैं। आत्मा तक मिठास फैलती है घी में डूबी सोंधी, फट से कुरमुरा कर खस्ता टूट कर घुलती हुई।

लगातार तीन खा लेने के बाद थकान में शरीर गिरता है। गिरता है नींद में।

नदी का गीत—ब्रह्मपुत्र के साथ-साथ

जैसे संगीत के नोटेशन वैसा ही नदी का गीत। सुर में बहता लचकता गाता। धरती के बदन पर धड़कता जीता, शिराओं में दौड़ता खींचता जीवन। किसी आदिम समय से पुरखों के जीवन को पोसता देखता जीना मरना बीतना...

सब का बीतना। सिर्फ़ नदी का न बीतना। तब से अब तक न बीतना, बस होना, बहना, रहना। आसपास की धरती बदली। पहाड़, पेड़, हरियाली, जीवन। सबके सब बदले। तट पर छूती पछाड़ती लहर वही रही। उतनी ही शीतल उतनी ही उष्म। धरती पर जिसने लिखी सुर की कहानी उसने रचा ऋचाओं का गीत। उसने ही बनाए नदी के सूत्र और देखा फिर तृप्त होकर ऊपर से, पढ़ा नदी की लचक में, उसके मोड़ और उतार-चढ़ाव में उस रचना के गुप्त संकेत। बादल के पार से जब रौशनी पड़ती है तब पढ़ सकते हो लहरों पर गीत नदी का, गा सकते हो गीत नदी का और सबके ऊपर आँखें मूँदे सुन सकते हो गीत नदी का।

ऊपर से
दुनिया दिखती ऐसी
और शायद नीचे से
आसमान
उल्टा लटका
गोल तश्तरी ?
ब्रह्मपुत्र के साथ-साथ
किसने खींची ऐसी रेखा
सभी उँगलियाँ रंग डुबाकर ?

बारिश में भीगी गौरैया

बारिश है। हर रोज़ तो नहीं लेकिन बारिश है। कभी झटास से दरवाज़ा पीटती है, कभी बस झीसी फुहार। लेकिन एक शिकायत रही। मिट्टी का विंडचाइम जो सुखराली से ख़रीदा था, पता नहीं क्यों कभी बजता नहीं। उस बूढ़ी राजस्थानी औरत से जब लिया था तब ख़ूब मीठा बज रहा था। मैं उस औरत को देख रही थी। एक आँख मोतियाबिन्द से धुँधली पर दूसरी नीली पुतली में चमक और चेहरा पके पीच सा।

'मिट्टी का गुन है बेटा कि ऐसे मीठा बजता है', उसने हँस कर कहा था।

मैंने पूछा था, 'कहाँ की मिट्टी का बना है?'

'बँगाल', उसने मुस्करा कर कहा था।

पर कोई बांग्ला टुनटान बजा नहीं। इस बारिश के दौरान प्याज़ के पकौड़े भी नहीं खाए। अलबत्ता भुट्टे ज़रूर खाए। आग पर पके हुए नहीं, माइक्रोवेव्ड एक मिनट वाले पर ख़ूब मीठे। चलो तसल्ली हुई ये तो मीठे रहे। दगा नहीं किया। आसपास पेड़-पौधों को देखा। ये भी क़ायम रहे अपनी प्रकृति पर। मतलब हरे भरे, और ऐसे टूट के बढ़े कि दिल जुड़ा जाए। गरमी की धूसर बदहाली के बाद मिट्टी का गीलापन, स्याह बादल आसमान और हर क़िस्म का हरापन, एक अद्‌भुत कोलाज़ बनाते हैं। कुछ-कुछ बचपन में बनाए वाटर कलर की तरह। तब आसमान को बरसाती बनाने के लिए ज़्यादा मशक्कत नहीं करनी पड़ती थी। फिर बाद में ज़्यादा मेहनत पानी से गीले शीट को सुखाने में वक़्त लगता। पंखा चलाया जाता और डाँट पड़ती कि बन्द करो इतनी गर्मी नहीं।

बरसात में घुटने भर पानी में हिम्मत बाँध निकलना, बरामदे में बैठे शर्त लगाना कि ये बाइक सवार सड़क के ठीक उस मोड़ पर जहाँ पीपल का पेड़ है वहाँ अटकेगा कि नहीं और अटक जाने पर बेतहाशा निर्मम हँसी। फिर अगले शिकार का इंतज़ार। कीचड़ कीचड़ सब तरफ़, पिछवाड़े जमे पानी में रेंगता हरा पानीवाला साँप, रात को टर्राते मेंढक, काला लकड़ी की कमानी वाला छाता जो भीगा होने पर उलट कर सूखने को बरामदे में छोड़ा जाता, भीगे जूतों की बिसाइन महक, जुगाड़ लगाकर पिछले बरामदे में और कभी-कभी ज़्यादा होने पर कोने वाले कमरे में रस्सी टेम्पररी तान कर सुखाए जाते। गीले कपड़ों की आते-जाते चेहरे पर गीली छुअन, सब तरफ़ सीली-सीली बू, छत के पाइप से तेज़ मूसलाधार में हरहराता पानी, नाली में गिरकर उफन-उफन कर आँगन तक फैलता, गीली मिट्टी में धीरे-धीरे रेंगते चेरों की जमात और कभी-कभार कोई घोंघा दिखता तो मौज़ आ जाती।

बगल वाले मैदान में जो हर बरसात में पोखर बन जाता, उसमें आउटहाउस में रहने वाले सकलदेव के बच्चे केवई मछली मार लाते और हम उनसे मिन्नत करके एक या दो, माँ से ज़िद करके जुटाए गए अचार के मर्तबान में ख़ूब मनोयोग से पालते। कितने भी जतन से उन्हें पोसा जाता फिर भी हफ़्ते दस दिन में घोर उदासी के आलम में उनके सामने ठीक गेट के पास वाले मालती लता झाड़ के नीचे अन्तिम संस्कार होता। पता नहीं कितनी अनाथ बेचारी मछलियों की कब्रगाह अब भी होगी वहाँ। कोई अड़ोस-पड़ोस के चाचा, भाई दिल्लगी

करते कि यहाँ अब झाड़ में फूलों की बजाय मछलियाँ उगेंगी। और हमारे भोले मन का इस पर तुरत-फुरत विश्वास कर लेना। बचपन की अनेक गाथाओं में से एक महत्त्वपूर्ण हिस्सा आज तक बना रहा।

बरसाती क़िस्से और भी हैं पर आज बारिश में चाय की चुस्की के बीच अपने हरे कोने को देख कर बचपन की स्वच्छन्द, जंगली बरसाती दिन याद आए। बच्चों का एक हुजूम रंगीन छाते और बरसाती में स्कूल के लिए निकल पड़ा है। सामने छत के मुंडेर पर एक भीगी गौरेया बदन सिकोड़ बैठी अचानक फट से उड़ जाती है।

तो ऐसे लौटेंगे हम एक दिन

मेरे हाथ की लकीरों से भाप निकलती थी। मैंने रात का अँधेरा अपनी आँखों में सजाया और सूरज माथे पर ख़ुद-ब-ख़ुद सज गया। बारिश ने मेरी त्वचा में एक गीली महक भर दी और शरीर से फसल उगने लगी। उसकी गमक ऐसी बेसुध गमक थी जिसके पंखों पर चलकर वो मेरे पास आया। हमने हाथ बढ़ाए और समय को पकड़ लिया। उसने मेरे पैर के नीचे अपनी हथेली रखी और मैं आसमान में उड़ चली। धुँध में छिपे झील के नीले-हरे पानी में कोई नाव बेआवाज़ चली जाती थी। चप्पुओं की आवाज़ किनारे झुक आए हरियाले घास को छूकर फिर सतह पर लौटती। उसी दिन तय हुआ था कि दो लोगों के बीच न रात होगी न दिन, न स्पर्श होगा न साँसों की छुअन, न देह की तपन।

धरती पर तब नदी आई पानी आया, जंगल आए पेड़ आया, पहाड़ आए चट्टान आई, स्त्री और पुरुष आए लोग आए हाथी, बाघ, भेड़ फतिंगा और न जाने क्या-क्या। फिर एक दिन...

उस दिन जंगल में घूमते समूह ने देखा आसमान में दो सफ़ेद पंखों वाले परिन्दे उड़ते हैं। उन्होंने घुटनों के बल झुककर उनका अभिवादन किया। बुज़ुर्ग ने कहा इस रुत में हमारे शरीर भरे-पूरे रहेंगे। सौंधा अन्न और मीठा पानी मिलेगा।

उस समय भाले और तीर लिए कबीले घूमते थे। खच्चरों पर असबाब बाँधे, पीठ पर बच्चों को थामे औरतें और बिन बच्चों वाली औरतें सर बोझा लिए चलती जातीं, चलती जातीं। कहीं बहती नदी के किनारे तम्बू गड़ता। अलाव जलता। कुछ दिन को थिर जीवन स्थिर जीवन। चाँद बढ़ता घट जाता।

रात चाँदनी होती फिर अमावस। आदमी–औरत ऊपर आसमान देखते और गोल चाँद को काले आसमान में जड़ा देख घुटनों के बल बालू पर सर नवाए गिर पड़ते, हे देवता, कृपा करो! देवता की कृपा से शिकार होता, अन्न उगता, मीठा पानी मिलता। मोटे गदबद शिशु मिट्टी में खेलते, लड़कियाँ औरतों की नकल में मोती की माला पिरोतीं, सजतीं, पान में छाया देखतीं। बच्चे बड़े होते, उनके होंठों पर देवता लकीरें खींचते, उनकी छाती को बलिष्ठ बनाते, उनके बाल किसी सिंह के अयाल जैसे उनके कंधों तक झूलते। सजीले जवान लड़के शिकार को जाते, ऊपर आसमान को देख जीवन देखते। जन्म–मृत्यु का रास रचता। कभी देवता हारी–बीमारी भेजते। झुंड के झुंड साफ़ हो जाते। एक दो तीन से फिर कबीला बनता–बढ़ता। ऐसी कितनी जद्दोजेहद के बीच कोई पुरुष किसी स्त्री को अपना आसमान अपनी धरती दाँव धरता। स्त्री उसका दिया फूल अपनी कमर में खोंस लेती। दोनों नदी पार कर लेते। फूल वहीं किसी मछली के पेट से सिकी सीप का मोती बन जाता। पुरुष अपने हाथों से माला गूँथता और स्त्री उसे अपने हाथों से गले में पहनती। और कबीले के लोग देखते आसमानी सफ़ेद परिन्दे फिर से सूरज की रौशनी में नीले आसमान में एक चमकीली रेखा बनाते विलीन हो जाते। उस रुत फिर ख़ूब अन्न उगता, पानी मीठा होता, शिकार इफ़रात होता।

फिर एक दिन बिजली कड़कती, नदी उफनती, कोई बाघ चौकन्ना चमकीली आँखों से बस्ती के पिछवाड़े से दबे पाँव गुज़र जाता। बुझे अलाव के राख के पास हड्डियाँ दिखतीं अगली सुबह। अगली सुबह बस्ती उखड़ जाती, कबीला घुमंतू हो जाता। रास्ते में, नदी, नाले, चट्टान, पत्थर सुनते नये शिशु का रुदन, सुनते नये जीवन का उत्सव, सुनते मौत का क्रन्दन। किसी बुजुर्गवार को किसी अजानी जगह जहाँ कोई कभी वापस नहीं आएगा, वहाँ किसी पेड़ की छाया में बिठाकर बढ़ जाते आगे। ये समय लौट कर आने का समय नहीं था। लौटकर आने का समय आएगा कभी भविष्य में, पर अभी वो समय नहीं था। समय था आगे और आगे जाने का सिर्फ़ धरती पर नहीं.., सिर्फ़ दूरी में नहीं, सिर्फ़ समय से नहीं, सिर्फ़ रात तारों को देखते दिशा तय करने का नहीं, सिर्फ़ समन्दर के किनारे–किनारे आगे बढ़ते रहने का नहीं, बल्कि जीवन का, उत्थान का, सभ्यता का। ऐसे समय में निर्ममता समय की देन थी। झुर्रीदार चेहरे की अथक पीड़ा और अथक थकान में अकेला छोड़ जाने की, नये जीवन को पोसने की, आगे शक्ति और ताक़त की, जवानी की जोश की। ये मानव थे, ये इतिहास था, ये सीखना था। उस सीख को आत्मसात करना था। गेहूँ से रोटी और मांस

में नमक की खोज थी, चमकते चकमक पत्थर की आग थी, बुनकारी थी, खेती की आजमाइश थी और इन सब के बीच, जीवन-मरण के बीच जो अन्तराल था, उसका महाउत्सव था।

तो ऐसे लौटेंगे हम एक दिन...फिर एक दिन...

उसके जाने के बाद कोई धूप नहीं है

बन्दरगाह से जहाजों के छूटने का सायरन बजता था, मोटा, भारी, कर्कश, बुलंद, रात की पनियायी मटमैली रौशनी को एक पल को तोड़ता हुआ। जैसे ऐतिहासिक फिल्मों में किले की दीवार को तोड़ने के लिए कोई भारी बड़ा लौहखंभ। एक क़तार से लंगर लगे जहाजों की गोल खिड़कियों से रौशनी छन कर नीचे पानी की छोटी-छोटी लहरों में रेखा बनाती हिलती-डुलती विलीन होती थी। कुछ हिस्सा तट पर, मोटी रस्सियों और लोहे के जंग खाए लंगरों से फिसलता धीमे से एक सर्द गीली आह लिए बैठ जाता। सब तरफ़ पानी की सीली महक, एक अजीब ख़ास सी महक, जैसे सब कुछ ठहरा रुका जड़ हो। बीच समन्दर के पानी के महक से एकदम अलहदा। कुछ-कुछ ख़ून की महक जैसा, थोड़ा लोहराइन। इस तरफ़ एक अलग गमक की दुनिया थी। छोटी जगहों में कई आदमियों के रहने की, उनके पसीने की, उनकी साँसों की खट्टी महक, उबले आलू और माँस की महक, जो जहाजों की रसोई में बड़े कड़ाहों में जहाजियों के लिए पकता, तट तक आ पहुँचता। कुछेक भूखे पेट अधनंगे भिखमंगे आह से पानी में हिलते उन रौशन खिड़कियों की तरफ़ उदास आँखों से देखते। पिछली गलियों में बजबजाता कूड़ेदान कुछ और तरीक़े की बू फेंकता, ऐसा कि पास आने पर दिमाग़ चकरा जाए।

बन्दरगाह की पिछली भूलभुलैया गलियों से संगीत की लहरी हवा के साथ पानी तक आ पहुँचती। पियक्कड़ जहाजियों का कानफोड़ू उधम, किसी बेली डांसर की कमर की बल खाती बिजलियाँ, बार की रंगीन रौशनी सब के पीछे सबके परे.., किसी और गली में, किसी तंगहाल कोठरी में कोई औरत बैठी तस्बीह के मनके उँगलियों से गिनती बुदबुदाती है। कोई जवान औरत रंगीन फूलदार कपड़े पहने एक पल को ठठाकर हँसती फिर अचक्के से गुम हो जाती है। आँख के कोरों पर एक बूँद आँसू झलमला जाता है। सामने पपड़ियाए पीले दीवार पर तसवीर में सजा नौजवान सेलर कैप पहने हँसता है। गली के बाहर

अचानक कुत्ते बेतहाशा भौंकते हैं। अफीम की पिनक में ढुलका आदमी ज़रा चौंक कर कुत्तों को देखता है फिर आस्तीन से मुँह पोंछता गुनगुनाता है कोई गीत अपनी प्रेमिका के याद में। दुख से उसकी छाती दरकती है...बट ऐं'ट नो सनशाइन व्हेन शी इज़ गॉन...

भोर होने के ठीक पहले जहाज, इंजिन की तेज़ गड़गड़ाती आवाज़ के शोर के साथ खुले समन्दर की तरफ़ बढ़ निकलता है। लाल टमाटरी गाल वाले दढ़ियल कप्तान को बोसन बताता है, हाजिरी रजिस्टर बढ़ाते एक आदमी कम है।...

स्लीप इन हेवेनली पीस

साइलेंट नाइट होली नाइट
ऑल इज़ काम,
ऑल इज़ ब्राइट
राउंड यू वर्जिन मदर एंड चाइल्ड
होली इंफैंट सो टेन्डर एंड माइल्ड
स्लीप इन हेवेनली पीस
स्लीप इन हेवेनली पीस

विली बैनिस्टर की भारी बैरीटोन आवाज़ गूँज रही है। लुलु गोडफ्रे की बोर्ड पर उँगलियाँ चलाते लीन हैं। पीछे बग़ीचे में डक रोस्ट और मटन मलकटवानी, विंडालू और फिश मॉली, लाइम राइस और बॉल करी, सॉल्ट मीट और मार्ज़ीपान, कुलकुल और पेस्ट्रीज़ की महक उड़ रही है। कीथ सटन बाहर अकेले पेड़ के नीचे व्हिस्की ऑन द रॉक्स हाथ में थामे जाने कहाँ खोये हैं। शायद ये यहाँ आख़िरी बार। तीन दिन बाद सिडनी रवाना हो रहे हैं। टिकट वीजा सब तैयार। मैकलॉडगंज में ये आख़िरी क्रिसमस। जीवन गुज़र गया। जीवनसाथी गुजर गया। अब ट्वाईलाइट ईयर्स। अपनों से दूर, अपने से दूर।

इस लोको कॉलोनी में जीवन के पैंसठ साल निकले। मेल ट्रेन की ड्राइवरी की...ख़ूब सफ़र किया...छोटी लाइन बड़ी लाइन, डब्लू पी स्टीम लोकोमोटिव इंजिन उनके इशारों पर चला, कोयला धुआँ, गर्मी-सर्दी। गोरा चेहरा लाल भभूका हो जाता। ठीक अपने उस बाप की तरह फौज में...डडली सटन...कप्तान। एक परिवार यहाँ और दूसरा लिवरपूल में। परिवार की उस शाख से कीथ का

वास्ता सिर्फ़ बाप के सूटकेस के तल में रखे फोटोग्राफ्स से था। सुनहरे बाल और नीली आँखों वाली एडना फोटो के नीचे लिखे लव के L के घुमावदार पेंच से, उस अंग्रेज़ महक से उसकी अपनी ममा से कितनी अलग कितनी रंगीन ? पर डडली को दिखा कुछ उस साँवली लम्बे काले बालों वाली सुवर्णलता बंगालन जिसे रख लिया था और चटपट सूजेन बना डाला था। कीथ हुआ था जब तब इस बंगालन माँ की कोई छाप नहीं थी। पक्का पूरा अंग्रेज। न कहो तो लिवरपूल एडना का कोखजाया बेटा ही लगे। डडली ने एकाध दफ़े सोचा भी था इंग्लैंड में पढ़ ले...फिर एडना के तेज़तर्रार ग़ुस्से का ध्यान आया।

कीथ पढ़ता रहा लिलुआ में, फिर कलकत्ता सेंट जेवियर्स, सब साथी ऐसे ही बने-बनाए रास्तों पर...लोरेटो...चले, डोन बोस्को फिर लामार्तिनेयर, सेंत जेवियर्स फिर आगे-आगे, कुछ पीछे, कुछ बाहर। कुछ गोरे, कुछ भूरे, न इधर के न उधर के आधे-अधूरे जड़ों को तलाशते, भागते-भागते, तब नहीं तो अब इंगलैंड ऑस्ट्रेलिया और थकहार कर आख़िर समझते कि यहीं इसी काली धरती पर, इसी लोको कॉलोनी में, इसी ऐंग्लो कम्युनिटी में निजात है।

कीथ जाना नहीं चाहते। यहाँ का लाल ईंटों वाला चर्च, ब्रिज के पास रेलवे क्लब, बॉल डांस, पिकनिक, म्यूज़िक, घर सब अपना है। कब्रिस्तान में मार्बल टूम्बस्टोन के बीच रखे फूलों के गुच्छे, सुज़ेन और ऐमी सटन के कब्र। फिर कौन फूल चढ़ाएगा। मेरी ऐमी मेरी ऐमी मेरी एस्मेराल्डा। किसी डांस में पहली मुलाक़ात हुई थी। छोटी सी साफ़ रंगत पर भूरी आँखों वाली, बॉबकट बालों वाली ऐमी, जिम रीव्स के गाने पर झूमती ऐमी, पीले पोल्का वाली फ्रॉक और पीले क्लचबैग थामे ऐमी, सैक्सोफ़ोन बजाते डैशिंग पर्सी फोरन पर जान न देती ऐमी और बदले में शांत स्थिर कीथ के साथ शाम बिताती ऐमी।

और अब कीथ को जाना होगा। जब जाना चाहा शिद्दत से अपने को गोरा साबित करना चाहा तब जो ऊपर से भूरा-काला ख़ून दिखता नहीं, अन्दर से भी होता नहीं, उसकी छाया उनके चेहरे को मलिन करती रही। अब जब शांति से हैं आख़िर...आख़िर ठहराव तक तो जाना पड़ेगा। सेरा उनकी बेटी सिडनी में, डॉक्टर अकेले नहीं पापा...ममा के बाद बिलकुल नहीं। व्हिस्की का अन्तिम घूँट ख़त्म हुआ। अन्दर से हलेलूयाह की आवाज़ बाहर तैर रही है।

लौटेंगे-लौटेंगे ज़रूर। लोको शेड के पार उस आइरन ब्रिज के पीछे उस हरियाली के बीच, ऐमी के पास, न इधर न उधर बस ऐमी के पास। ग्लास वहीं श्रबरी में लुढ़का कर कीथ चल पड़ते हैं। हाथ में एक गुलाब का मसला फूल फँसा है।

सुबह से सेरा परेशान है। इंडिया से फ़ोन। अंकल हार्वी का। कुछ कह रहे थे पापा के बारे में। आवाज़ कितनी भारी। कुछ समझ नहीं आ रहा।

'ज़ोर से बोलिए हार्वी अंकल...' सेरा लगभग चीख रही है।

थरथराते हाथों से रिसीवर थामे उसकी आवाज़ पतली हो गई है, घबड़ाहट और उत्तेजना से।

'हनी यू कम बैक फास्ट।'

सेरा थक कर बैठ जाती है सर हाथों में थामे। वास में लाल गुलाब पर पानी की बूँद बिलकुल वैसी है जैसे सुबह-सुबह ऐमी के कब्र पर मसले गुलाब पर ओस की बूँद।

कैसा सुंदर नाचती है मैत्रेयी

कमल के विशाल फूल के अन्दर चुकुमुकु बैठे बस एक चिंता थी। बड़ी गहरी चिंता। ये जो सफ़ेद कपड़े पहन रखे थे, सफ़ेद मोज़े सब पर कमल के फूल का गुलाबी गेरुआ रंग लकीरें खींच रहा था। कल कुकी और बेबी को कैसे दिखाऊँगी यह झक्क सफ़ेदी। बाहर संगीत बज रहा था। अगली पंक्ति के बाद झन्न से करताल बजेगा फिर ढोलक की थाप और फूल खुलने लगेगा। मुझे सिर्फ़ मुस्कुराते हुए हाथ को सर के ऊपर सटाए खड़े हो जाना था। लेकिन अचानक लगा कि पैर इतनी देर में सुन्न से हो गए। ओह खड़ी होऊँगी कैसे, कहीं गिर न जाऊँ। माँ ने क्या कहा था, पैर सुन्न हो जाते हैं तब उँगलियाँ मोड़ो, हिलाओ और उस दुष्ट बेबी के भाई ने चिढ़ाते हुए कभी कहा था कौन सी लाइन दोहराओ तो सुन्न अंग जागने लगता है। जैसे हम नींद से जागते हैं।

लेकिन अभी तो बेबी के शैतान भाई का चेहरा तक ठीक से याद नहीं। किसी दूर बहुत दूर स्कूल में रहता था। छुट्टियों में आता तो सबकी शामत आती। पर कैसे मज़े के क़िस्से सुनाता। और रात को भूत की कहानी। सटे हुए छत पर गर्मी के दिनों में क़तार से चौकी लगती। पानी से छत पर छिड़काव होता। कैसे हिस्स की आवाज़ से दिन भर की चटक धूप की गर्मी भाप बन कर उड़ जाती। ठंडी सफ़ेद चादर बिछती। गावतकिये और क़िस्म-क़िस्म के तकिये, कड़े, ढीले, लुंजपुंज, तकिये के नाम पर कलंक। फिर चौकी के दोनों ओर बांस की कमानी को क्रॉस करके मसहरी लगती। रात की सफ़ेद चाँदनी रौशनी में एक क़तार से सफ़ेद बिछे इंतज़ार करते बिस्तरे। मुंडेरे के पार सुनील

की कहानियाँ शुरू होतीं। धीमी फुसफुसाती भर्रायी आवाज़ में स्वर के नाटकीय उतार-चढ़ाव पर तैरते बिछलते रात के अँधेरों में भूत और पिशाच हवाओं में डोलते। हम चिहुंक-चिहुंक कर डरे मुड़ कर देखते अपने पीठ पीछे, कोई है तो नहीं। पीठ पर कंधों की हड्डियों के बीच डर सुरसुराता जैसे कनगोजर। डर के कितने पाँव होते। गर्दन पर के रोएँ किसी भयभीत आशंका में सिहर कर खड़े हो जाते। डर का स्वाद भी कैसा रोमांचक होता। और हम सब मंत्रमुग्ध सम्मोहित बँधे रहते, भागने न भागने के बीच, सुनने न सुनने के बीच, बँधे हुए कठपुतलियों जैसे। फिर किसी माँ-चाची की डाँट कड़कड़ाते हुए झन्न से शीशे को तोड़ देती और हम सब सिटपिटाए चींटियों की तरह अफ़रा-तफ़री में तितर-बितर हो जाते। पर अगली रात सुनील की फुसफुसाती आवाज़ उस पार से तैरती आती।

'आज नहीं सुनना क्या?'

मजमा फिर तुरंत जमता। ये सब चोरी किये हुए पल थे। कब जाने कौन बड़ा आकर रात का ये अबूझ जादू भेड़ देता।

उफ्फ पर अभी तो मुड़े हुए पैर जान ले रहे थे। उस कमबख़्त सुनील ने क्या बताया था। फूल खुलते ही कहीं गिर न जाऊँ। आगे की क़तार में माँ, बाबा बैठे होंगे। ओ माँ क्या मंत्र जाप करती थी बिगड़े काम सुधारने के लिए। अभी कुछ भी क्यों याद नहीं आ रहा। गाने का अन्तिम स्ट्रैंज़ा चल रहा था। वो पागल मल्लिका कितना सुंदर तो तैयार हुई थी। लाल लहंगे पर हाय कैसी पतली सलमा सितारे वाली गोटे किरण वाली ओढ़नी। चेहरे पर चंदन की बुंदकियाँ भौंहों के ऊपर, गालों पर लाली और होंठों पर भी। और कैसे सुंदर गहने चम-चम चमकते। पाँवों के घुंघरू कैसे छम छम बोलते। काश मल्ली वाला नाच उसके हिस्से पड़ता। कितना तो इतराती थी जब सुतपा बहन जी ने उसे चुना था इस नाच के लिए। ज़रूर उसके गोरे रंग पर चुना होगा वरना तो मैं उससे अच्छी लगती हूँ। नहीं, शायद वो ही ज़्यादा अच्छी है। कितना तो देखा था आईने के सामने खड़े हो हो के। कितनी बार साबुन से मुँह धोया था, दीदी की क्रीम भी छुप-छुप के लगाई थी पर ज़रा सा भी असर कहाँ पड़ा था।

सुतपा बहन जी ने कहाँ मल्लिका को हटा कर उस मेन डांस के लिए उसे चुन लिया था। कितनी बार बिस्तर में आँखें धँसाए कल्पना की थी सुतपा बहन जी अपनी कड़कड़ाती फड़फड़ाती ताँत की लाल धारियों वाली साड़ी में तेज़-तेज़ आएँगी। कहेंगी, अपने माथे पर हाथ मार के, 'की कोरी आमी? एई जे मल्लिका, तुमी किछु सीखने पाडेगा नेई।' फिर इशारा करेंगी उसकी तरफ़,

'तुमी आओ।' बाँह पकड़ के ठीक बीच में कर देंगी। फिर किनारे से ताल से हाथ के थाप देकर शुरू कराएँगी और मेरे शरीर में लय रच-बस जाएगी। मेरे डंडे से हाथ पाँव किसी जंगली लता से हवा में लहराएँगे। मेरा शरीर कैसे लोच खाएगा और सुतपा बहन जी कितना मंत्रमुग्ध देखेंगी।

'ये देखो कैसा सुन्दर नाचती है मैत्रेयी। मल्लिका तुमी को भी सीखना पाडेगा नेई।'

मल्लिका सिर झुका लेगी और मैं? मैं अपने काल्पनिक लहंगे के घेर सी झूम झूम जाऊँगी।

'क्या दिनदहाड़े बिस्तर में सर गोते पड़ी है? उठ' की माँ की ऐसी निर्मम गुहार मेरे कितने दिवास्वपनों पर झाड़ू फेर गई है। लेकिन बावजूद कितनी शिद्दत से ऐसा सोचने के, मुख्य नर्तकी मल्लिका ही रही और मैं पूरी नृत्य नाटिका में उस विशाल कमल के फूल में क़ैद तितली। ऐसी तितली जो अब सुतपा बहन जी की वजह से भद्द से गिर जाएगी। ओह कितना मर्मांतक होगा यह दृश्य। आने वाले अपमान से चेहरा दहकने लगा।

ओ काली कलकत्ते वाली
तेरा वचन न जाए ख़ाली

रात में सोते वक़्त पक्का विश्वास हुआ कि ऐन वक़्त पर अगर ये जाप याद न आ गया होता तो सब भड़भीस हुआ होता। लेकिन ऐसा नहीं होना था सो ऐन वक़्त याद आ गया और तीन बार जाप पूरा होते ही, ठीक तीन बार, कमल का फूल ढोलक के थाप पर खुला और मैं मुस्कुराते हुए खड़ी हुई। मेरे चमकीले पंख साबुत सलामत रहे। मेरे पैर बिना हिले थरथराए टिके रहे। तीन मिनट तीन साल जैसे। पर पर्दा गिरने तक मैं स्थिर खड़ी रही तेज़ लाइट की दमकती रौशनी में, स्टेज पर के धूमधड़ाके में, संगीत के शोर में, कोने के प्रज्ज्वलित दीपशिखा के घूमते तन्द्रिल धुएँ में, दर्शकों की क़तार की क़तार के चुप्पी की सामने। जैसे सब कुछ फट पड़ने को बेताब हो। मेरा शरीर भी।

पानी का गीत

कछुए की पीठ सा फैला था चट्टान
रात जब सोये थे
जाने किधर कैसे
बाहर से आकर
छाती पर जम गया

अब इंतज़ार है
कब पिघलेगा ग्लेशियर
बेलगाम बेकहल बेइंतहा
दौड़ जाता है
बर्फ़ के पिघलने का उमगता इंतज़ार
इस जनम उस जनम
सदियों तक
पानी का
मात्र एक सिम्पल केमिकल इक्वेशन

पोटली में चावल, गन पाउडर और दो आलू बाँधे निकल पड़ते थे कुमरन नायर। सफ़ेद क़मीज़ और सफ़ेद मुंडु, पैरों में रबर की चप्पल। दूर-दराज़ गाँवों तक अब नाम फैल गया था। पानी खोज लेते थे। कैसी ऊसर बंजर धरती हो, नदी नाले से दूर, फिर भी जाने कैसे अपनी कौन सी छठी सातवीं इन्द्रिय से पा लेते थे पानी का आभास। जाने पिछले कौन से कितने जनमों में पानी की प्यास लिए भटके थे। इतना भटके, इतने जन्मों में कि ख़ून से आत्मा तक में प्यास का बुलबुला दौड़ता, जैसे शरीर तो शरीर, आत्मा तक सिर्फ़ एक प्यास का बिलखता आदिम गीत हो। सपना आता था बिना नागा कई बार कि छालें, पत्ते पहने नंगे पाँव भटकते हैं जंगल जंगल...पत्तों पर से पीते हैं ओस की एक बूँद, हरहराती नदियों में जानवर की तरह पेटकुनिये लेटे मुँह डाल देते हैं हरहर उबलते झागदार पानी में और फिर महसूसते हैं एक-एक पोर में पानी का भरना, तृप्त होना।

जब जब ये सपना आता है, कुमरन नायर पानी का पता खोज लेते हैं, घर से दो सौ मील तक के घेरों में पूछो तो कुमरन नायर का पता बच्चा-बच्चा बता दे। 'अच्छा। कौन? किसे ढूँढ़ते हैं? सिद्धाँती जी को? कुआँ खोदना है? पानी चाहिए? फिर ज्ञानबुद्धि से सर डुलाकर कहते, 'मिलेगा अगर सिद्धाँती जी को पकड़ पाए। निकले हैं अभी पानी के खोज में। मिलेगा आपको भी।'

कुमरन नायर की दोमुँही छड़ी का जादू है। चलते चलेंगे चलते चलेंगे और फिर यकबयक छड़ी का सिरा नीचे झटके से मुड़ जाएगा। लोगों ने सिर मुँड़ाए शर्त बदी क्या-क्या नहीं किया...पर हर बार बिला नागा खोदते-खोदते पहले गीली-पीली मिट्टी, फिर गीली काली मिट्टी, फिर रिसता मटमैला पानी। अन्त में मीठा- मीठा पानी। आत्मा तृप्त हो ऐसा मीठा ठंडा पानी। ओक भर

कर मुँह से टुड्डी गला छाती, पैर की अन्तिम कानी उँगली का मुड़ा-तुडा खुर्राट कड़ा नाखून तक तर हो ऐसा शीतल पानी।

ख़ाली एक बार हारे हैं कुमरन नायर। वो भी अपनी ज़मीन पर। तीन बार खोदा। पानी निकला पर हर बार खारा। इसी दुख में बिस्तर से जा लगे। पानी से मुँह मोड़ लिया। अस्सी के हुए, झुरझुर हुए। आँख से आँसू बहते, चुप गुमसुम पड़े रहते। पानी का कारोबार ख़त्म हुआ। मान चले कि जितना लिखवा कर लाए थे उतना पानी तलाश दिया। शरीर सिकुड़ गया, पानी रिस गया, पंछी उड़ गया।

बरगद के पेड़ के नीचे चट सूखी धरती में दरारों की अनगिनत रेखाएँ हैं। काले गूची सनग्लासेज़ पहने, लीवाई जींस के पॉकेट में हाथ डाले सिगरेट का एक धुआँधार छल्ला उड़ाते कुमरन नायर का परपोता सोचता है वाटर हार्वेस्टिंग की जो टेक्नीक्स वह यूरोप से सीख आया है, वे यहाँ कारगर होंगे कि नहीं?

कैसी बेमुरव्वत ज़िन्दगी है!

हर पल जो घटित होता है ठीक-ठीक उसी पल उसके बीत जाने के एहसास की पीड़ा छाती में कैसी अजब टीस का हथौड़ा मारती है। रास्ते पर कभी आगे जाकर आफ़ियत से मुड़ कर पीछे देखने का सुख मेरा सुख क्यों नहीं हो सकता? कैसा अभिशाप है जैसे सिन्दबाद की पीठ पर चढ़ा बूढा? कुछ-कुछ वैसा ही जैसा सुख के पठार पर पीछे तेज़ रफ़्तार हाँफता भागता पीछा करता ताबड़तोड़ आता वो, जो सुख नहीं है। शायद दुख भी नहीं। जैसे देर रात कोई आलाप सुनते आँखों से बहते सुख का सिहरा देने वाला एक कोर आँसू?

रिम के रिम काग़ज़ पर बेमतलब शब्दों की भीड़ में उमग कर ठेलता-ठालता अपनी कहानी ज़बरदस्ती सुनवाता, पकड़-पकड़ सुनवाता पर पीछे बैकग्राउंड में बजता रहता लगातार सारंगी का एक अकेला दुखियारा सुर? सुख में दुख का और दुख में सुख की जुगलबन्दी गाता अपने आप में होता छटपटाता कौन? आख़िर कौन? जिसे मैं, 'मैं' कहती और जिसे तुम 'तुम' कहते। न भी कहते, न भी कहती पर उस अछोर पठार पर हमेशा मैं अकेली। शायद हम सब ऐसे ही हमेशा के अकेले?

जैसे छाती धक्क से हो जाए ऐसी सुन्दरता देख कर रुलाई की एक मरोड़, कभी सिर्फ़ आधी या पाव भर भी। जैसे जीवन इन्हीं नापतौल के खाँचे में

सिकुड़ कर दुबक बैठा है, उस राजकुमार की तरह जिसके प्राण बसते हों किसी सुनहरे पिंजरे में क़ैद सुग्गे की लाल चोंच में?

और फिर मेरे पास अन्त में, अनंत में बचती है सिर्फ़ एक लम्बी क़तार प्रश्नों की, जिनके उत्तर ठीक इम्तहान के पिछली रात देखे गए दुःस्वप्न सा तिरोहित होता है घबड़ाहट के असीम सागर की अतल गहराई में। ऐसे ही किसी एक प्रश्न से लड़ते भिड़ते सर टकराते धुनते कोई सूत्र का कोमल सिरा मिल जाए ऐसा भी शायद सुख ही हो का भजन गाते शुरू होता है आज का आख्यान। हर दिन का। कैसी बेमुरव्वत ज़िंदगी है!

अन्तरे में रौशनी

अँधेरा था। अँधेरा एक दरवाज़ा था जिससे रौशनी की तरफ़ जाया जाये। शायद टटोलना पड़ता। लेकिन दरवाज़ा तो था। कोई स्विच अलबत्ता नहीं था जिससे खट रौशनी जला दी जाये। इस रौशनी के लिए जद्दोजेहद करनी पड़ती। अच्छा ही था आसानी से मिली चीज़ का क्या मोल। लेकिन प्रश्न ये था कि इस दरवाज़े की भनक किसी को नहीं थी। कोई आभास था रौशनी का, अँधेरे का, दरवाज़े का। इसी आभास का सिरा पकड़े, अँधेरे को मुट्ठी में जकड़े उस पतली रौशनी के लकीर पर एहतियातन पाँव रखते, न इधर डोलते न उधर डगरते, चलते रहने, आगे बढ़ने, उस दरवाज़े को उँगलियों से छू लेने का दिवास्वप्न ये दिन, महीने, रात?

पत्तियों पर कचर-मचर चलते रहने, छतनार शाखों से झरती रौशनी, हरा ताज़ा...कोई उड़ती तितली के पंख पर एक लहर कौंध की, कोई सुनहरी रेखा हथेली पर...ऐसी कितनी स्मृति दबा कर रखी पन्नों के बीच सूखा कोई फूल। आह कोई स्मृति रौशनी की...दबी-दबी राख में दबी चिनगारी।

लैम्प की झरती रौशनी वृत्त बनाती है फ़र्श पर...अ परफ़ेक्ट सर्कल। उसी वृत्त पर एक कीड़ा चलता है गोल-गोल। रेडियो से आती है आवाज़ रसीली उदास, दुख में नहाई हुई...एक टेक बार-बार घूम-फिर कर लौट कर बार-बार वही एक टेक। उसी आवाज़ के सम पर घूमता है रामजी का घोड़ा, उँगलियाँ देती हैं थाप। खिड़की से आती हवा से लहराता है पर्दा, काँप जाता है वृत्त एक बार को, ठिठक कर डिसऑरियेंट होता है कीड़ा और भटक जाता है अँधेरे में। रेडियो की आवाज़ छूती है दीवार को, छत के कॉर्निस को, पर्दों के हेम को,

शेल्फ़ में रखे काले पत्थर के बस्ट को, कोने में पड़े इज़ेल की अधूरी औरत को, खुरदुरे कैनवस पर पेंट को, मेरे दिल को। एक रौशनी भरती है किसी कोने से, फैलती है, थमती ठिठकती है फिर वृत्त की रेखा पर गोल चलती है। मैं देखती हूँ देखती हूँ। दरवाज़ा धीरे-धीरे खुलता है, आवाज़ के सम पर खुलता है। न ये दिवास्वप्न है न स्मृति। बस रौशनी है... ब्लाइंडिंग लाइट... बन्द आँखों के भीतर रौशनी का सपना...दुनिया के भीतर एक और दुनिया, बुलबुले के भीतर का रहस्य।

अँधेरा चिपटता है पोरों से। छुड़ाओ तो छुटता नहीं। दरवाज़ा दिखता नहीं। बन्द आँखों के अँधेरे में तो बिलकुल नहीं। सपने में दिखा दरवाज़ा हर बार बस खुलते-खुलते रह जाता है। अँधेरे में रौशनी होते-होते रह जाती है। दरवाज़े की फाँक से दिखता है...आस, स्मृति, आवाज़। पान के रस से सराबोर है आवाज़, घुलती है सुपारी और मीठी इलायची, ख़ुशबू कत्थे की, गमक सुर की। घुँघरू की आवाज़ पर कोई भंगिमा लेती है अंगड़ाई, लचक जाती है आवाज़ फिर एक बार और। ठुड्डी पर हाथ धरे कटीली रसीली आँखों से पूछती है नायिका...अन्तरे में रौशनी देखोगे?

अँधेरे में लाइटहाउस

तुम्हारे होंठ इतने खट्टे क्यों हैं? पुरुष पूछता है क्रूरता से। और मन भी? औरत का चेहरा कड़ा है। किसी ज़माने में सुन्दर रही होगी, लीला नायडू जैसी, उन्नत ललाट, थोड़ी सी विडोज़ पीक भी। सस्ते शराब के खट्टे नशों में पुरुष को हर चीज़ खट्टी दिखाई देती है। कमबख़्त नशा भी। सोचता है सूखी मछली का टुकड़ा मुँह में डालते। सामने दीवान पर ब्लैक ऐंड वाइट तसवीर है अलीशिया मार्कोवा की, रौशनी और अंधेरे के खेल में रौशन चेहरा। रंग से चीज़ें गड़बड़ होती हैं। उनका स्टार्क डिफ़रेंस डाईल्यूट हो जाता है। अब औरत को बीच के खेल पसन्द नहीं। आरामकुर्सी पर पैर सिकोड़े शीशे के बाहर अँधेरे को देखती है। बाहर कुछ नहीं है सिर्फ़ घटाटोप अँधेरा है। वही देखती है औरत। लहरों के गरजने की आवाज़ बेमत्त होकर सुनती है। बचपन में 'लुक अलाइव' में पढ़ी थी किसी लड़की की कहानी जो लाइटहाउस में रहती थी। किसी भयंकर तूफ़ान में अकेले पड़ी लहरों के थपेड़ों से बचती-बचाती लाइटहाउस के लैम्प जलाती बहादुर लड़की की कहानी। औरत सोचती है मेनलैंड कितनी दूर है,

तूफ़ान कितना भयानक है और लाइटहाउस में क़ैद अभी लैम्प जलाना बाक़ी है।

पुरुष दरी पर लुढ़क गया है। बोतल ख़ाली है। मछली के काँटे चीनी मिट्टी के सफ़ेद प्लेट में अमूर्त डिजाइन बना रहे हैं समुद्र तल के खारे जल की पुष्ट मछलियों की नियति गीत गाते हैं। रह-रह कर पुरुष सुगबुगाकर हिलक कर एक खर्राटा ले, करवट बदल पसर जाता है नशे के अनाम बेहोश आलम में। बाँहों पर सर धरे क्लांत औरत कुर्सी पर गुड़ीमुड़ी सोचती है किसी अनजान तट पर छूटी किसी एक गीत की एक पंक्ति, किसी घुम्मक्कड़ बंजारे के सुरों का बिछड़ा धुन, कोई तलाश, एक खोज जाने किस की। एक चोट धँसती है छाती पर, रुलाई रुकती है छाती पर, साँस अटकती है छाती पर। लाइटहाउस अब भी अँधेरे में जड़ है।

(उस लाइटहाउस का तो नहीं, लेकिन उस चीनी घर की तलाश का गीत सुनिये पाओलो कोंते की खरखराती आवाज़ में *ला कासा चिनेज़े*)

धूप में रंगीन छतरी

बतकहियाँ गलबहियाँ
मूड़ी जोड़े दिनकटियाँ
टिकुली नाड़ा जूती चप्पल
सपने देखे दिनरतियाँ

और यही सपने वह देखती बड़ी हो गई। अलबत्ता कभी कहीं नहीं, उल्टा किसी ने छेड़ा तो ओढ़नी दुपट्टा कमर में बाँध हाथ नचा-नचा लड़ी ज़रूर। बाहर से एक और अन्दर से एक। हमेशा की ऐसी ही रही। जनमते ही ऐसी रही। हाथ-पैर हवा में उछाल खेलती रहती, किसी के पास आने की भनक पर बुक्का फाड़ ऐसे रोती कि साँस थम जाए, शरीर नीला पड़ जाए। शुरू-शुरू में अम्मा-बाउजी को ख़ूब डराया। जाने क्या हो जाता है इस लड़की को। ईया लाल मिर्चा सरसों से परिछ कर चूल्हे में डाल आएँ। सब बुरी नज़र जला आएँ। फिर कमबख़्त चुप भी हो जाए। फिक्क से हँसने भी लगे। बाद में सब समझ गए। छोकरी ऐसे ही हल्ला मचा रही है। सब ठीक है। निश्चिंत हो साँस लेते। फिर डगर-डगर बड़ी होती गई। सीखती गई। दो चोटी रिबन से बाँधे आँगन में इक्खट-दुक्खट खेलती ताड़ सी लम्बी होती गई। ब्याह नहीं करूँगी नहीं

करूँगी का पहाड़ा रटती गई, सपने किसी सजीले राजकुमार का देखती गई। अम्मा हँसती, सब जनी ऐसे ही कहती हैं। ब्याह नहीं करेगी तो जाएगी कहाँ? सच! कहाँ जाती? सो मैट्रिक के बाद लाख हो हल्ले के बाद ब्याह हो गया। चल, गौना बाद में कराएँगे, तब तक पढ़ ले, बाउजी पुचकारते-दुलारते कहते। अभिमान मान से आँख छलछला जाती। हाँ पढ़ूँगी, पढ़ूँगी, ख़ूब-ख़ूब पढ़ूँगी। पर उन्हीं छलछलाई आँखों की क़ोर पर खिच्चे दूल्हे की शक्ल कौंध जाती तब पढ़ूँगी की रट ख़ाली-ख़ाली बर्तन जैसी ढनढन करती। इसी संगम में उलट-पलट देर रात लैम्प की पीली रौशनी में मूड़ी गोते किताब नीली और कॉपी लाल करती रही, मार्जिन पर दूल्हे का नाम भी लिखती रही, तीर बिंधे दिल तकिये पर काढ़ती रही।

गौना हुआ और दिन-रात बीतते रहे। किताब-कॉपी बक्से की सबसे निचली तली पर पेपर के भी नीचे भूले-बिसरे पड़े रहे। फिर हरहराता ज्वार उठा और सब लील गया। सब हँसी-ख़ुशी, सब जीवन संगीत। सूखी काई लगी मिट्टी बची और पति की फूल सजी तसवीर बची। और कुछ दिनों के लिए और कुछ न बचा। सन्नाटा बचा, धसकती मिट्टी बची, पाँव तले कोई ज़मीन न बची। सिर पर आसमान तो नहीं ही बचा। कंठ फोड़ रुलाई बची, छाती पर पत्थर की चट्टान बची, धूप साया न बचा, बारिश में छतरी तो नहीं ही बची। कुछ बच भी गया तो क्या वाला भाव बचा। खुली मुट्ठी बची, उजाड़ दिन बचे, तलवे के नीचे गर्म रेत बची, पेट में काँटे बचे, छाती में घाव बचे, आँखों में कंकड़ बचे दाँतो तले पत्थर बचे। शरीर रूखा हुआ, चेहरा कड़ा हुआ। बक्से के तल से कॉपी-किताब बाहर हुए। फिर पागलपन सवार हुआ। दिन-रात धूनी रमाई। किसी की एक न सुनी। बस पढ़ती गई। मन बन्द आँख बन्द। इंटरमीडियेट किया सेकन्ड डिवीज़न में। बीए किया सेंकड डिवीज़न में। फिर बी. एड. किया, एमए किया। अबकी बार गदहजनम मिटाया और फ़र्स्ट डिवीज़न में गली-मोहल्ले में मिठाई तक बाँटी। फिर अब आगे क्या सोच कर हिम्मत नहीं हारी। स्कूल की नौकरी पकड़ी फिर क़स्बे के कॉलेज में ऐडहॉक लेक्चरर। सीख-सीख कर बाल का जूड़ा बनाया, कलफ की हुई साड़ी पहनी, जूते पहने, चश्मा पहना और निकल गईं बाहर की दुनिया में।

आज शहर की नामी-गिरामी लड़कियों के कॉलेज में रीडर हैं। क्या कड़क दबदबा है। ज़रा मुँहफट बददिमाग़ हैं लेकिन क़ाबिल हैं। क्या पढ़ाती हैं, कैसी गरिमा-शालीनता का सौम्य मिश्रण हैं। लेकिन अब तक सपने देखती हैं। दिन-रात देखती हैं। अँधेरे में रौशनी देखती हैं, रौशनी में उजाला देखती हैं।

और उस उजाले से चकाचौंध आँखों से दुनिया देखती हैं। ऐसी दुनिया जो बहुतों को पूरे जीवन नहीं दिखती। इन्हें दिखती है। अब तक दिखती है। जिस ज़मीन पर खड़ी होती हैं वहाँ मुलायम घास दिखती है। धूप में रंगीन छतरी के रंग दिखते हैं। हमेशा से ऐसी ही थीं। अब भी ऐसी ही हैं। अन्दर से एक बाहर से एक।

सब रौशनी का खेल है

पिता की याद स्मृति गह्वर से निकल रेंगती है चींटियो की क़तार सी। पिता अब फोटो में रहते हैं। कमरे में टँगे एकमात्र बल्ब की रौशनी ख़ूब खेलती है उनके साथ। वयस्क पत्रिकाएँ छुपाकर पढ़ता हूँ और किसी आहट पर चौंक कर चोर नज़र उठाता हूँ तो लगता है अभी-अभी उन्होंने अपनी दाहिनी आँख मारी। मुझे पता है यह सिर्फ़ रौशनी का खेल है। पिता ऐसे नहीं कि इस बात पर राज़दारी से आँख मार सकें। आखिर पिता हैं दोस्त-यार नहीं। पर अब मैं भी बच्चा कहाँ हूँ। क्या पता जब पिता मेरी उम्र के रहे हों ऐसे ही छुपा कर पढ़ते रहे हों। जेनेटिक्स हम में अपनी थ्योरी ऐसे साबित करवा रही हो। पिता की छुपा कर पढ़ने की आदत, किसी पूर्वज की हुक्ड तोता नाक, माँ का कुछ भी नहीं, नानी की अगले दाँतों के बीच की फाँक।

ख़ैर, पिता तो न रहकर भी बहते हैं मेरी नसों में इस तरह। अगले बीसेक सालों में मैं पिता जब गुज़रे, तब की उम्र में आ जाऊँगा। शायद शुगर और हाई ब्लडप्रेशर की बीमारी के चपेट में भी आ जाऊँगा। और फिर एक दिन बिना किसी के आसपास रहे, सन्नाटे से बिना धूमधड़ाका किये, बिना सेवा-सम्हाल कराए ख़त्म हो जाऊँगा, जैसे पिता गए। माँ अब तक अचंभित होकर कहती हैं, 'ये गए तब मुझे ख़बर तक न हुई। मैं उस दिन उस वक़्त आलता लगा रही थी, नई चूनर की धानी साड़ी पहन रही थी। मुझे भनक तक न पड़ी कि मैं जब इतने उल्लास से श्रृंगार करती थी, ये दर्द से तड़पते थे।

कई बार मुझे लगता है कि माँ के दुख से कहीं बड़ी है उनकी इस अनजाने भाव से पिता के चले जाने की हैरानी। माँ सब परंपराओं को तोड़ कर अब भी रंगीन कपड़े पहनती हैं, काँच की सादी चूड़ियाँ भी। हलके फीके रंग, पर रंग रंग, सादी किनारी वाले कोर की सफ़ेद साड़ी नहीं। पिता के गुज़रने के साल हमने सब त्योहार भी मनाए। दादी गुम्म नाराज़ पर माँ हमेशा से मज़बूत। बस

किसी की बात नहीं मानी। कुछ हंगामा नहीं किया, कुछ बोला, बहस नहीं किया। मुँह बन्द रखा और सब करती गईं। हमेशा की तरह भीतरघुन्नी। दादी बकझक कर आख़िर चुप हो गईं।

माँ जब कमरे में आती हैं पिता की आँख हँसती है। मुझे पता है सब रौशनी का खेल है। सोचता हूँ अपनी पत्रिका दराज़ में छुपाते हुए, एक बार ये बल्ब की जगह बदल कर देखूँ, पिता तब भी आँख मारते हैं, हँसते हैं? कि सिर्फ़ फोटो में जड़े हमारी यादों में चुपके से रहते हैं। पिता के साथ मेरा खेल भी चलेगा जैसे बचपन में चलता था। रौशनी फिर से अपना खेल कर रही है। अबकी बार उनकी बायीं आँख बन्द हुई है।

राग विलम्बित

आजकल पेट में दर्द रहता है, हमेशा मीठा-मीठा। जैसे दर्द को तहाकर मोड़कर रख दिया हो शरीर के अन्दर। फिर जब-तब सारे तह खुल जाते हैं और फड़फड़ा कर दर्द का परचम लहराने लगता है। बचपन में एक बार पैरों पर फोड़े निकल आए थे पेमी कैप्सिस या ऐसा ही कुछ नाम था। एक-एक करके सब से पस निकाला गया था। तब का दर्द सिर्फ़ एक शब्द की तरह याद में महफ़ूज़ है। ज़्यादा शिद्दत से ईथर की महक याद है। उसके बाद याद नहीं कोई बड़ी दुख, तकलीफ़ का सामना हुआ हो। रोबस्ट हेल्थ। लेकिन इधर एकाध साल से जोंक की तरह दर्द चिपक गया है। सोते-जागते उठते-बैठते जैसे दर्द का धीमा संगीत मद्धिम-मद्धिम बजता हो। पुरानी प्यारी धुन जो यकबयक याद आ जाए और याद जो आ जाए तो मन-ही-मन लगातार वही बजता भी जाए। इतना कि ख़ुद आजिज हो जाएँ, अब बहुत हुआ बस।

इकहत्तर साल की उमर हुई। उँगलियों के पोर अब सिकुड़ने लगे हैं, नाखून बड़े कड़े और हठीले हो गए हैं। पाँव जो एक वक़्त कितने सुबुक-नाजुक हुआ करते अब गठीले, रूखे हुए, अँगूठे के पास की हड्डी बढ़ गई है। सब जैसे ख़त्म हो रहा है। बचा है सिर्फ़ जीवन की खुरचन। दर्द का संसार, घूमते-नाचते छोटे होते जाते वृत्तों का गिना-चुना घेरा। बदन फोड़ देने वाला दर्द नहीं। किसी मोलोतोव बम का औचक फूट जाना नहीं। कोई एक पल का विध्वंस नहीं। शनैः-शनैः पानी का रिसना। साँझ का धीरे से उतरना। रुलाई की हिचकी का धीमे-धीमे चुक जाना।

रौशनी के बाहर खड़ी औरतें

(जब तेज रौशनी पड़ती है, एक घेरा बनता है, अन्दर सब साफ़ दिखता है। लेकिन जो इस वृत्त के ठीक ज़द पर खड़ी हैं, न उजाले न अँधेरे में, उनकी बात कौन कहेगा उनका भोगा कौन देखेगा उनका लिखा कौन पढ़ेगा...एक कोशिश उनकी बीती रौशनी के घेरे में लाने की...लेकिन मात्र एक क्रॉनिकल है...तथ्यों का सूखा संकलन भर। कौन कितना और क्या अर्थ निकालेगा वो उसकी समझ पर निर्भर करेगा।)

सन उन्नीस सौ इकतालीस

निहारचंद रायज़ादा और शीलकुमारी रायज़ादा...दो पुत्रों के बाद पहली कन्या रत्न। हम भेदभाव लड़के और लड़की में नहीं करते सो धूमधाम से छठी का आयोजन। ये दीगर कि यह आयोजन तीसरी कन्या तक आते-आते, नहीं करते फुसफुसाहट में बदल फीका रंगहीन हुआ।

पर ये तो पहली थी सो क़िस्मत वाली थी। चुलबुली थी, दुलारी थी, बाप की चहेती थी, रानी राजकुमारी थी। हँसते-कूदते, पढ़ते-लिखते बढ़ती थी। समझती थी मैं ख़ासमख़ास, भीड़ से अलग, एक कदम ऊपर, आँखों का तारा...मेरी एकतारनी...एक तारा मेरी।

सितार बजाती सुबह उठ, दौड़ती-भागती गाती तराना, टप्पा, ठुमरी। लैम्प की रौशनी में रात-रात जाग किताबें खोल देखती सपने...सब होंगे पूरे....ख़ुद का वायदा ख़ुद से। और इन सब सपनों के बीच किसी मिल्स एंड बून्स रोमांस का टॉल डार्क हैंडसम भी छुपता-छुपाता झाँकता किसी कोने से। डिबेट-शिबेट, टेनिस, पूल, बैले नाच, छोटे शहर में फूलों का राज़, कैसा दर्प कितना-कितना सहज प्राप्य सब।

फिर राजकुमार आया। लाल जोड़े में सिमटी-सिकुड़ी शायद पहली बार। पर ये शर्माना भी कुछ प्राकृतिक नैसर्गिक अन्दर का खेल। हलदी रोली, अक्षत सिन्दूर। पीले चादर से बँधी पसीजे हाथ में सिन्होरा पकड़े सर नवाए झुकी धड़कती आँखों से देखा नया संसार।

अब भाग दो का पटाक्षेप हुआ। जुम्मा-जुम्मा चार दिन बीते। जाने कैसी सड़ाँध फूटने लगी। खिड़की, दीवार से, बाग की चौहद्दी वाली लतर से, बरामदे के बेंत की कुर्सी से, गमलों से, चूल्हों से। जाने कैसी सड़ाँध थी। सब दूर भागने लगे, दुर-दुर करने लगे। इसे कुछ समझ न आए। पति ने विद्रूप से कहा, होगी अपने बाप की रानी राजदुलारी, यहाँ तुम्हारा ठाँव नहीं। इसने

हिम्मत की, पूछा—बताना होगा। कैसे नहीं? जवाब में हाथ, पैर, लात, बात। ढीठ थीं, जिद्दी मगरूर थीं बड़े बाप की सहेजी-समेटी बेटी थीं, कुछ ख़ुद को इनसान भी समझती थीं। सो इसरार किया। बात नहीं बनती देख कभी रार-मनुहार भी किया। फिर किसी बड़ी बूढ़ी ने ज्ञान दिया, पति फँसा किसी और से रे बहुरिया। टोना टोटका, गंडा ताबीज़ कर ले जो कर सके और बनी रहे सदासुहागन। आख़िर सिन्दूर-आलता लगाने का अधिकार, किसी की ब्याहता कहलाने का सुख कम है क्या?

निकल आई भाग के। पिता कहें लौट जा बेटी, माँ कहें छोटी बहनों का ऐसे रवैये से होगा ब्याह? एक बार फिर मन मार लौट जा। लौटीं और ठीक तीन दिन बाद कंबल में लिपटी लौटीं बाप के पास। फिर अस्पताल...महीनों दिन और उसके बाद लम्बी आस्तीन का ब्लाउज़ चट गर्मी में भी, सोने की पतली चेन के नीचे खलतराई खाल, कमर और पेट कभी ग़लती से भी मालिश वाली दाई तक के सामने नहीं उघारी।

शारदा रायज़ादा प्रोफ़ेसर, विज़िटिंग फ़ैकेल्टी अल्लम-गल्लम। यहाँ-वहाँ सिगरेट पर सिगरेट फूँकती। कैसी मुँहफट, ओह सो रूड बट हाउ कॉन्फिडेंट! हद है। कॉलेज की लड़कियाँ डरती-सिहरतीं एकाध कैसी ऐडमायरिंग टिप्पणी देतीं। काश! हम भी पुरुषों को दो टूक समझातीं। फर्राटे से गाड़ी चलातीं सब स्पीड लिमिट तोड़तीं भागती जातीं जीवन में। दुरखईम और मार्ग्रेट मीड की मोटी पोथियों, नियनडर्थल और क्रो मैग्नन मानव की बतियाँ, आदिमानव और आदिवासी में खोजतीं जीवन का रहस्य। साल में चार बार विदेश भ्रमण, फलां सेमिनार में पेपर पढ़ना है, अलां वर्कशाप में लेक्चर देना है, उस एंथ्रोपोलॉजिकल रिव्यू में आर्टिकल, इस सोशल साइंस पैनेल के बोर्ड पर। घर में किताबें ही किताबें। बचपन के खेल, सपने सब हुए हवा। सितार तक एक कोने में गर्द खाता उपेक्षित पड़ा है। बहनों और भाइयों की सुखी गृहस्थी पर चुपके से आह। उनके बच्चों पर लाड़-दुलार, लेकिन अपना कोई कहाँ? जैसे एक बड़ा गड्ढा हो जो हर वक़्त और गहरा होता जाता है, अन्दर झाँको तो कुएँ में झाँकने जैसा हो, कुछ दिखे ही न, बस कुछ डोलती छाया का आभास मात्र, अतृप्त इच्छाएँ मुँह बाए सब लीलने को तत्पर।

बिस्तर पर पलथी मारे ऐशट्रे सामने धरे सिगरेट फूँकती लगातार बोलती हैं। साड़ी मुसमुसा गई है, बाल बिखर गए हैं। छाती के अन्दर धौंकनी जलती है। सारी डिग्रीज़, सब सम्मान, अन्तर्राष्ट्रीय गोष्ठियों से मिले रिकॉगनिशन, आज की स्वतंत्र नारी, अपना जीवन जीती है...सब ख़ुद बुहार कर परे धकेल

देती है। हाथ फैलाती हैं हवा में...उँगलियाँ सब अलग...देखो ऐसे जीवन बह गया, चुक गया। बच्चे नहीं पति नहीं तो जीवन कैसे चुक गया? इसलिए कि चाहा था यही सब लेकिन मिला जो सब वो भी तो चाहा था। मिल गया इसलिए मोल चुक गया। आदमी की बुद्धि? औरत के संस्कार? बिना पुरुष के साथ के जीवन बेकार? चाहे पुरुष कितना कमीना क्यों न था? जानते हुए भी...जीवन सिर्फ़ एक काश? एक कामना?

सिगरेट बुझाती, उठती हैं। बाल काढ़ती हैं आईने के सामने, कलफ की हुई साड़ी की चुन्नट सरियाती हैं...निकलना है, तीन बजे क्लास है फिर मीटिंग है उसके बाद प्रकाशक के साथ बैठना है, अपनी किताब का कवर तय करना है, प्रमोशनल स्ट्रैटेज़ीज, फिर इंस्टीट्यूट कुछ देर। समय कहाँ है कुछ फालतू सोचने का।

लेकिन दूसरों के पास है, कितने टैग तो लगा दिये उन पर...दबंग, घमंडी, बंजर, ऐसी औरत की ऐसी ही तो नियति, लूज़ कैरेक्टर, स्मार्ट इंडिपेंडेंट वूमन, सूखी सड़ी चिड़चिड़ाई स्पिंस्टर? जो और पारंपरिक रास्तों से हटी, सूत भर भी उसकी यही तो नियति है, इसमें गलत क्या?

आपको क्या लगता है?

(स्त्री संबंधी मुद्दे जो स्पॉटलाइट में हैं, जिनके बारे में सबको पता है, स्त्री को भी...और स्पॉट लाइट के परे जिनका कुछ भी किसी को पता नहीं, स्त्री को भी नहीं।)

सैलानी सफ़र उर्फ आओ कलन्दर केशवा

बस पहाड़ी रास्तों पर हाँफती धीमी रफ़्तार डीज़ल का धुआँ उगलतर चढ़ रही है। औरत की साँस ऐसी फूलती है जैसे वही बस को ठेल रही है पहाड़ों पर। एक के बाद एक इस चोटी के पार अब दूसरी चोटी। बस में उल्टी की खट्टी बसाइन महक फैली है। तेरह-चौदह साल की लड़की बेहाल है, बेदम है उल्टी करते-करते। उसकी माँ कभी नीबू पकड़ाती है कभी लौंग। एवोमिन का भी असर नहीं हुआ इस बार, ज़रा हैरानी से सॉलिलॉकी करती है। लड़की शर्मिन्दगी से चोर नज़रों देखती है आसपास। उस पर किसी की नज़र नहीं है। यहाँ तक कि ज़रा लम्बे बालों वाला हीरो टाइप छोकरा भी उस पर नहीं बगल की सीट पर बैठी तीसेक साल की उस औरत पर निगाह धरे है जो छः महीने के गदबद

बच्चे पर कभी निहाल, कभी चिड़चिड़ी हो रही है।

ड्राइवर का चेहरा रियर व्यू मिरर में निर्विकार है। शायद सोचता हो घर जाकर पैर फैलाकर ज़रा देह सीधी करे। खलासी लगातार बीड़ी फूँक रहा है। दुबला-पतला चिरगिल्ला। बाएँ हाथ की कानी उँगली के नाखून को बढ़ाकर ख़ूब लहालोट लाल नेलपॉलिश लगाई है। गले में मोटी चाँदी की जंजीर, पतली सींकिया छाती पर माँ शेरांवाली विराजती हैं। मतलब, अपने लिहाज़ से है एकदम चकाचक। सब तैयारी भरपूर। भीमताल के पास किसी गाँव में अपनी माशूका की याद में दरवाज़े से लटका मुस्कुराता है लगातार। बीस सीढ़ी चढ़ कर मंदिर के गर्भगृह में स्थापित शिव-पार्वती की मूर्ति के आगे बेलपत्र चढ़ाते साष्टांग दंडवत होकर पिछले हफ़्ते जो मन्नत माँगी थी सो होगी पूर्ण इसी विश्वास से सवारियों को नैनीताल उतार कर ट्रैकर से लौटेगा भीमताल।

लड़की अब खिड़की की रेलिंग से सर टिकाए पस्तहाल है। भागती हरियाली, नीला आसमान, बीच-बीच में कौंधता अँगूठी के नग सा जड़ा सात ताल, चीड़ के पेड़, बन्दरों का झुंड, ढलानों पर जीजान से लटके टप्पर वाले घर जो अब गिरे तब गिरे पर टिके-टिके, गुमटी पर भाप उड़ाते मुड़ कर दमा के मरीज से हाँफते रोज़ के इसी टाइम पर जाते पर फिर भी देखते, हर बार बिना नागा देखते बस को ताकते, समय बिताते, ठंड से सिहरते पॉकेट में मुट्ठी बांधे हाथ गरमाते निठल्ले-ठल्ले लोग इन सब को अनदेखा करते किसी पिक्चरपोस्टकार्ड में क़ैद सब। सब।

सैलानियों के झुंड मोलभाव करते ख़रीदते, पता नहीं किसके लिए और क्यों? कितनी चखचख, पचास रुपये की चीज़ के लिए कितनी मोलाई पर उस बंगाली महिला ने चार रुपये छुड़वा ही लिए हैं, दस का पिक्चर पोस्टकार्ड, रंगीन छाता, लकड़ी का कभी न काम आने वाला चाभी लटकाने वाला ताला और ट्रे, बच्चे का यो यो, चाईनीज़ मार्केट से परफ़्यूम और अंडरगार्मेंट्स, डिजिटल घड़ी और बैटरी वाले खिलौने। विजयभाव से ओत-प्रोत उसकी आवाज़ अपनी सहेली को नया दाम बताते और तेज़ हो गई है।

(मेहरू को आज मालकिन ने पुराना बैग दिया। क्या पड़ताल करती कि कितना काम आएगा? आख़िर हर वक़्त ऐसी ही चीज़ पकड़ाएँगी जिसका कोई इस्तेमाल न हो! देखती है, सफ़ेद लिफ़ाफ़े में पोस्टकार्ड, बैग के तल में बिछाए अख़बार के तहों में चमकता काग़ज़ों पर पहाड़..., ताल, पेड़ और घुमावदार सड़क पर चढ़ती धुआँ उगलती एक सैलानी बस।)

डायल एम फ़ॉर मर्डर

अँधेरा मुँह पर दाबे चादर थी, दम घोंट देने वाली। घड़ी की टिकटिक सन्नाटे में अपनी उपस्थिति दर्ज कराने और समय बीत रहा है की घोषणा पूरे दमखम से कर रही थी। मेरी उँगलियाँ पसीज रही थीं। मर्डर वेपन महफ़ूज़ है ये बार-बार चेक करने के बाद भी फिर आश्वस्ति चाहता था। यही बात सूचक थी कि अन्दर से मैं कितना घबड़ाया हुआ था। पहली बार हर बार ऐसा ही होता है। चाहे पहला प्यार हो, प्यार की पहली लड़ाई हो, पहला रूठना-मनाना हो, पहली नौकरी हो, पहला जन्म या पहली मृत्यु...या पहला मर्डर...देख लें आप, हर बार ऐसा ही लगता है किसी आँधी-तूफ़ान से गुज़र कर आए हों, बैटर्ड पर सुरक्षित। सिर्फ़ मृत्यु के पार पता नहीं कैसी सुरक्षा? आज का शिकार भी तो मृत्यु के पार पहुँचेगा ही, सशरीर नहीं अशरीर।

यह पूरी प्रक्रिया कुछ-कुछ लैब में एक्स्पेरिमेंट करने जैसी बात हो गई। लाइब्रेरी में बैठकर ख़तरनाक ज़हर जैसी पोथियाँ उलट लीं, आर्सेनिक, स्ट्रिखनाइन या साइनाइड। आज पता चला कि कितना सीमित ज्ञान लेकर भटक रहे थे। अगाथा क्रिस्टी, शरलॉक होम्ज़ और चेज़ के अलावा कुछ पढ़ा ही नहीं था। दो रुपये में गुमटी वाले से अलबत्ता किराए पर लाए कर्नल रंजीत और वेदप्रकाश शर्मा टाइप किताबें भी कुछ अरसे भक्ति भाव से घोंटी थी पर याद नहीं आता कि ज़हर से कोई मर्डर किया गया हो वहाँ। ख़ैर जैसे भी हो मारना ही है उसे आज। उसे देखते ही जाने कैसी जुगुप्सा की लहर दौड़ जाती है, हाथ-पाँव काँपने लगते हैं, शरीर का एक-एक रोआँ खड़ा हो जाता है, दिल धड़क कर बाहर। ओह कैसी बीभत्स स्थिति हो जाती है। क्या सायकॉलजी इस घृणा की। निजात पाने का बस एक तरीक़ा खल्लास...दो इंच कर दो छोटा। महीने भर से इंप्लीमेंटेशन प्रोग्राम चल रहा है। कैसे किया जाए, किस उपाय से और फिर बॉडी को कैसे निपटाया जाए। रस्सी, चाकू, पिस्तौल, ज़हर। सब ऑप्शंस पर ख़ूब सोच-विचार किया गया है। स्टेप बाई स्टेप कैसे कत्ल किया जाए हज़ार दफ़े दोहराया गया है। अब तो आँखें मूँदे कत्ल किया जा सकता है, देखो फिर भी आज डी डे या डी नाइट और कैसा दहशत सना डर है। बस एक पल का खेल फिर बॉडी डिस्पोज़ की और मुक्ति।

उसकी भी नींद खुल गई है। घुप्प अँधेरे में उसकी आँख मुझ पर टिकी है। मेरा मर्डर वेपन मेरे हाथ से फिसल गया है। मैं महसूसता हूँ गर्दन पर के रोएँ को खड़ा होते हुए, अपनी योजनाओं को नाकाम होते हुए। ऐसे मुझे वो

देखते रहे और मैं चाकू क्या चप्पल तक न उठा पाऊँ। अपनी बेबस लाचारी से ख़ुद मुझे घिन हो रहा है। पसीने से ठंडे होते अपने शरीर को किसी प्रत्यंचा सी तनी रखे कब मैं नदी में ढुलक जाता हूँ। सुबह उसकी उपस्थिति रसोई में, फ्रिज में पूरे कमरे में दिखती है। शायद उसे भी मेरे कातिलाना हमले की पूरी आशंका है, जानकारी है। बिना बोले हम घात- प्रतिघात के चौकन्ने खेल में रत हैं। मैं जीतूँगा या वो?

आज मैं बहुत ख़ुश हूँ। दफ़्तर में अनिल शानबाग ने एक अचूक नुस्खा मेरी समस्या का बताया है।

'अरे यार मैंने सक्सेसफुली उससे छुटकारा पाया।'

'अच्छा! और किसी को कानोकान ख़बर नहीं हुई?'

'किसी को भी नहीं।'

'और डिस्पोजल का क्या?', मैं थोड़ा हकलाया, 'मतलब स्मेल वगैरह, यू नो दुर्गंध बहुत जल्दी फैलती है न।'

'अरे नो प्रॉब्लेम भाई, नो स्मेल, नो लफड़ा, ओनली ईजी सॉल्यूशन आई टेल यू, गेट अ 'मॉर्टीन' रैट किलर। कमबख़्त खाएगा अन्दर और जाकर मरेगा बाहर।'

मछली और सुख

मछली के गलफड़ में फँसा काँटा देखा है कभी? जितने गहरे जाती है बचने को उतना अँदर धँसता जाता है। बस ऐसे ही काँटा धँसा है छाती में, हर साँस पर भारी होता जाता है। इतना बोझ कैसे ढोएँ दिल चाक-चाक होता जाता है। औरत छाती पर हाथ धरे बात करती है अपने आप से। कभी उस छाया से भी जो दीवार से छत और छत से रौशनदान होते खिड़की से बाहर फिर अन्दर करती रहती है। औरत सीधी है। उसे सब बातें सीधी दिखती हैं। कुछ टेढ़ा दिखता है तो भी झट से सीट-साट करके सीधा कर लेती है जितना बन पड़े उतना भर। आदमी सीधा नहीं है। ख़ूब-ख़ूब टेढ़ा है जलेबी जैसा। और जब नहीं है तो अपने किसी स्वार्थवश नहीं है। औरत कितनी भी सीधी क्यों न हो इस बात को, और के पीठ पर भी आँख वाली बात से इस बात को समझ जाती है। फिर भी इस सीधे टेढ़े का खेल चलता है, उसका सुख और इसका दुख चलता है। सुखी होने के चरम सीमा पर भी हर बार बिना नागा दुख की नदी

औरत की छाती को बहा ले जाती है। फिर सब, पेड़, घर, मवेशी टप्पर, सब उपला जाते हैं बहते पानी पर। सपना, अपना संग-साथ सब तिनके सा डूबता-उतारता है। आदमी निर्विकार देखता है। औरत सोचती है यह देखता तो है पर इसे दिखता क्या है? कुछ दिखता है भी कि नहीं? मैं दिखती हूँ? मेरी तकलीफ़ दिखती है?

आदमी भात खाते सोचता है अब एक बीड़ी। फिर खुले आसमान के नीचे बाँहों पर सिर धरे खटिया पर चित्त लेटे तृप्ति की साँस लेता है। औरत अन्दर कोठरी में ख़ाली ढेंगराए बरतनों से खुरचन समेटती निकालती मुट्ठी भर भात। प्याज़ और मिर्चे के संग खाती उदास होती है। छाती पर पत्थर लटकाए भारी कदमों से डोलती है कुछ पल इधर-उधर, रोकती है छोड़ती है साँस, और भरती है उसाँस देखती हैं नज़रें एक पल चारों दीवार! सब सर्द है, सब ठंडा। सोचती है काश! सरल होता मेरा मन। जैसे सीधी हूँ मैं वैसा सीधा होता मेरा मन, हर वक़्त उभचुभ न करता। होने न होने के द्वंद में न फँसता। भात और तरकारी खाकर सुखी रहता। इस न सोचने, न देखने वाले आदमी के संग सुखी मन रहता काश! मन उस फुदकती गौरैया जैसा होता। सिर्फ़ दाना चुगता ख़ुश होता। क्या सोचती होगी यह गौरैया? न स्मृतियों का भार, न भविष्य की आशंका। न आज के यथार्थ होते जाने का बोध। न कुछ चुकते जाने का दर्द औरत क्षण भर सोचती है। लाल काँच की चूड़ियों को सूखी कलाई पर आगे-पीछे करती है। फिर हँसुआ लेकर बैठ जाती है। लाल काँच की चूड़ियों को सूखी कलाई पर आगे-पीछे करती है। मछली काटती है, सिल पर सरसों का मसाला पीसती है, दो बूँद आँसू उस मसाले में गिराती है। रात में आदमी मछली के झोल के साथ भात खाता डकारता है। आज मछली बहुत अच्छी बनी।

मैना, मिन्ना, मेनका, मुनमुन या फिर मून्स?

साबुन की बट्टी घिस गई थी इतनी कि बदन में मलना चाहो तो हाथ से फिसल कर बिला जाए। पर न जी ऐसे कैसे पानी में घुलने छोड़ दें? लोहे के जंगियाई बाल्टी के नीचे से, मग्गे के बगल से, उस बड़े पानी जमा करने के हौद के किनारे छिपे, फूली टूटी लकड़ी के दरवाज़े के पीछे सरसरा कर फिसल गई दुष्ट बट्टी को वापस पकड़-धकड़ कर फिर उस बदरंग नीले, माने किसी ज़माने में नीले और अब न जाने पानी के दाग से सुसज्जित कौन से अनाम रंग

से सुशोभित साबुनदानी में स्थापित कर दिया जाता। मुनिया को ख़ूब बुरा लगता है। अब ऐसी कैसी कंजूसी? अम्मा निकाल दो न नया वाला साबुन, नीला वाला पीयर्स, मोटी गदबद टिकिया। नहाने का मज़ा आ जाये। अम्मा भुनभुनाती, अरे अभी हफ़्ता दिन और चलेगा। और सच चल ही जाता। ठीक हफ़्ता दिन नहीं तो चार-पाँच दिन तो ज़रूर। पहले पारदर्शी होता फिर एक कोना टूट जाता धीरे-धीरे फिर फट से आधा ग़ायब हो जाता और बाक़ी बचा दीन-हीन टुकड़ा कोने के जाली में जाकर फँस जाता।

अम्मा ऐसे ही जमा करती माचिस की जली तीलियाँ। मुनिया कुढ़ती तो अम्मा का प्रलाप चालू हो जाता। अरे गृहस्थी चलाना कोई गुड्डे-गुड़िया का खेल नहीं। तिल-तिल करके जोड़ा जाता है। सब बचाई हुई जली तीलियाँ काम आतीं जब गैस का दूसरा बर्नर जलाया जाता। अम्मा गर्व से हर बार एक नई तीली बचाने की चालाकी और उस बचे पैसे से किसी ऐसे ख़र्च का हिसाब-किताब जोड़ती जो महीनों से अगले महीने पर टलता रहा हो। जाने एक-एक तीली तोड़ कर महीने में कितना पैसा बचा लेंगी, मुनिया जल कर सोचती, मेरा घर होगा तो सबसे पहले माचिस फेंकूँगी। मुनिया बड़ी होती गई, मेरा घर होगा तो...करते-करते।

मुनिया के घर में अब नॉब से जल जाने वाला गैस का चूल्हा है, हॉब है, चिमनी है, बाथरूम में नीला बाथटब है, बाथटब में पॉटर ऐंड मूर का मैंगो फ्लेवर्ड फोमिंग बाथ क्रीम है, बेसिन के काउंटर पर नारंगी फिग ऐप्रीकॉट शावर जेल है, गुलाबी लोशंस हैं और ऐश्वर्य है। झाग में गर्दन तक डूबे मुनिया तृप्त सोचती है। सब बदल लिया मैंने। सिर्फ़ एक चीज़ नहीं बदली। इस मुनिया नाम को कैसे एंग्लिसाइज़ किया जाए? स्मार्ट बनाया जाए? ओह अम्मा बाउजी भी न! कैसा नाम रख दिया गँवारू। नो वंडर आई हेट देम।

लूफा से पैरों की उँगलियाँ रगड़ते सोचती है...मैना, मिन्ना, मेनका, मुनमुन या फिर मून्स?

एक कॉस्मिक छींक

एक शुरुआत हुई होगी कभी या यह सिलसिला बिना किसी स्टार्टिंग प्वाइंट और एन्ड प्वाइंट के एक सीधी रेखा या ढेर सारी समानांतर रेखाएँ, सब एक-दूसरे में गड्डमड्ड फिर भी अलग, बराबर फिर भी अलग। जैसे बच्चे ने क्रेयान

से रगड़ी हो ख़ाली आसमान में शून्य में कोई रंगीन बैंड समय की। या फिर कोई समय कभी नहीं था कभी। सब टंगा है अलग अलग डाइमेंशन में, घटता है साथ-साथ अलग अलग। प्रोबेबिलिटी के नियम? $E = mc^2$? रेलिटिविटी थ्योरी? साइंस फ़िक्शन का हैरतअंगेज़ क़िस्सा पॉसिबल और फीज़िबल, विज्ञान के सिद्धांतों के दायरे में? अगर सब सिद्धांत मालूम हैं फिर सही और अगर किसी रूबिक्स क्यूब के अन्तिम स्टेप की सुगमता फिर भी दिमाग़ से फिसलती है तो कुछ और। आएगा किसी के दिमाग़ में एक यूरेका। लटका है अधर में टहनी पर कोई सेब। व्हेयर आर यू न्यूटन? चलती हैं कोशिकाएँ, धड़कता है न्यूरॉन्स, ग्रे मैटर, हाइपोथलमस और मेडुला ऑब्लांगेटा के भीतर बार-बार। कोई दो तार जुड़ जाएँगे और होगा कोई धमाका, चमकेगी बिजली, फिसलेगा गरम चाकू मक्खन में। कितना आसान है, ओह सचमुच-सचमुच।

और बीतेगा समय, रहेगा समय। खिंचेगी एक रेखा और। अनंत में? सितार के तार? बजाएगा कोई धुन इसी खिंचे तार पर। सरगम के पार। तार सप्तक सिर्फ़ शून्य। कोई सौर राग। जन्म लेगा कोई नया तारा कोई नया ग्रह कोई सौर मंडल एक और। फिर गीत रुकते ही सब बिखर जाएगा किसी ब्लैक होल में। ब्लैक होल नहीं सिर्फ़ एक क्षण के दो साँस के बीच का समय, एक गैप, अ ब्लैंक स्पेस। ठीक जिसके बाद फिर शुरू होगा जैसे नॉर्थ पोल के पास औरोरा बोरियालिस। ब्रह्मांड के बेरंग शून्य में बनेगा एक चित्र धुन से और रंगों की आवाज़ देगी संगत तब तक जब तक उसका जी चाहे। फिरेंगे तब तक हम पृथ्वी पर, रेंगेंगे चींटियों से अपने बिलों में, रोएँगे-हँसेंगे, जन्मेंगे-मरेंगे, एक-एक पल का हिसाब करेंगे, तकलीफ़ का दुखों का, क्षय होगा सब धीरे-धीरे। फ्रॉम डस्ट अनटू डस्ट। सब ख़त्म होगा। यह समय, हमारा समय। ओह! सब कैसा क्षणभंगुर। क्यों-क्यों? लेकिन आदि से अन्त तक फिर भी खिंची है वही अदृश्य रेखा जहाँ हम ढोते हैं पुरखों के जींस, उनकी स्मृतियाँ, उनका समय। हम क्या सिर्फ़ केयरटेकर्स हैं कुछ मिलियंस सेल्स और तेईस जोड़ी क्रोमोसोम्ज़ के जिन्हें हिफ़ाज़त से बढ़ाना है अगली पीढ़ी तक? फिर अगली और अगली? कब तक? जब सब उस दो साँस के बचे का क्षण, उस ब्लैंक स्पेस तक न आ पहुँचे। फिर एक कॉस्मिक छींक?

मिटा देगा कोई बच्चा बड़ी बेध्यानी और बचपन की निर्ममता से सारी लाइंस अपने इरेज़र से। ऊब चुका इस खेल से अब। देखता है कुछ पल, खोजता है फिर नया खेल। कब तक? एक पल...सदियों का ब्लैंक स्पेस...एक नया एक्सटिंक्शन ईवेंट?

(रोती है लड़की आज किसी खोये प्रेम पर। गिरता है पसीना धार-धार, धुँधलाती है आँख उस मजदूर की। चिपके पेट रोता है बच्चा रोटी के एक टुकड़े के लिए। हर की पौड़ी पर सर्द बर्फ़ीले पानी पर नहाता है तीर्थ यात्रियों का दल, मस्जिद से आती है अजान की आवाज़ अल्ला हो अकबर, जो सुबह के कुहासे को चीरती है। उठता है ज़माना, जुटता है खटराग में। छनकती है चाय की प्याली किसी लाइन होटल में, गिरता है झाग बीयर मग से किसी पब में। भूलते हैं सब, सब। राम नाम सत्य है, सत्य बोलो मुक्ति है। अर्थी उठाए गुज़र जाता है काफ़िला और औरत ज़रा भीत पल भर छाती पर हाथ रखती सोचती है अपने बूढ़े बीमार पिता को, लौटती है गिराती है पर्दा खिड़की पर बच्चे की पुकार पर। फिर वही मायाजाल। थैंक गॉड फॉर आल दिस इल्यूज़न।)

ज़िन्दगी कितनी हसीन है

पहले दिन मुझसे टकराई थीं तो अजीब कुड़बुड़ाहट हुई थी। देख कर चलना चाहिए। अपने गिरे लिफाफे समेटते बिना उन पर तवज्जो दिये फुर्ती से आगे हो लिया था। स्पेंसर में मेरे ठीक आगे। वही स्टील ग्रे बाल, आज खुले थे कंधों तक। वॉलेट से पैसे निकालने-जोड़ने में ख़ूब वक़्त लगाया। मैं एक पाँव दूसरे पाँव बेचैन कदमताल करता रहा। इसकी वजह से आज पाँच मिनट, पूरे पाँच मिनट ख़राब हुए।

हफ़्ते भर बाद लॉन्जरी शॉप में मुठभेड़ हुई। तमाम रंगीन लेसी झालरदार लॉन्जरीज़ को एक हाथ परे हटाकर स्पोर्ट्स ब्रा उठाई। मणिपुर की कार्मेन अपने सीधे बालों को झटकारती पूरा डब्बा काउंटर पर उलट दे इसके पहले उन्होंने सधे हाथों से एक सफ़ेद स्पीडो उठाया और पेमेंट काउंटर पर चली गईं। मैं कुछ देर कारमेन से बतकही करता रहा, उसके सीधे भूरे बालों की और चिकने पीले गालों के कंट्रास्ट में मसकरा वाली पलकों की तारीफ़ करता रहा। कारमेन ब्लश करती रही जबकि यह हमारा पुराना खेल था।

'मादाम के लिए सेक्सी ब्लैक निकालूँ?' उसने मुझे छेड़ा। कारमेन को पता था मादाम ब्लैक नहीं पहनतीं। पहले मादाम इस शॉप में अकेले आतीं फिर मैं भी साथ-साथ। सोचता कभी अकेला आ जाऊँ तो? निकाल बाहर करेगी ये सब छोकरियाँ मुझे दुकान से या फिर 'हाय, आई ऐम निहारिका' कहते दुकान मालकिन छः फुटी लचके तने सी लहरा कर पीछे के प्लश कमरे से

बाहर आ जाएँगी। 'कैन आई बी ऑफ़ एनी अस्सिटैंस ?' किसी एक जन्मदिन पर अपने को गिफ़्ट देने का यही शानदार तरीक़ा सूझा था। के के लिए दर्जनों सोने के कपड़े, एक्सेसरीज़, अल्लम-गल्लम। फिर उसके लिए ऐसी शॉपिंग मैं मज़े से गाहे-बगाहे किया करता।

पेमेंट करके नीचे सबजीरो में घुसे तो फिर निगाहें चार हुईं। थ्री स्कूप कोन पकड़े बच्चों की तरह आइसक्रीम खा रही थीं कम, गिरा रही थीं ज़्यादा। मुझसे नज़र मिलते ही झेंप गईं। फिर उस दिन जॉगर्स पार्क में पाँव मुचक गया। बस यकबयक ढहराकर गिर ही पड़ा। पाँच बजे की अँधियारी अलस्सुबह में जो दो लोग दौड़ते हुए आए उनमें यह भी थीं। एड़ी के पास कोई टेंडन खिंचा था। क्रेप बैंडेज और पंद्रह दिन बिस्तर आराम। चौथे दिन दफ़्तर चली गई। दिन बहुत बुरा बीता। पाँचवें दिन वो आईं। सीधे सफ़ेद-काले ब्लंट बाल, ढीला स्टील ग्रे घुटनों तक का कार्डिगन और नीले स्लैक्स। कँधों पर कत्थई मफलर। अच्छा तो यह था आज का के का प्रॉमिस्ड सरप्राइज़। दो पीले सूरजमुखी के फूल लेकर आई थीं। आज तुम्हें कुछ पढ़ कर सुनाऊँ। फिर एक पतली किताब शेमस हीनी की कविताएँ—

> There are the mud-flowers of dialect
> And the immortelles of perfect pitch
> And that moment when the bird sings very close
> To the music of what happens.

फिर...

> As as child, they could not keep me from wells
> And old pumps with buckets and windlasses.
> I loved the dark drop,
> the trapped sky, the smells Of waterweed, fungus and dank moss.

और...

> And here is love
> Like a tinsmith's scoop
> Sunk past its gleam
> In the meal bin. •

उनकी आवाज़ में एक संगीतमय गूँज थी, ज़रा सी रेशेदार जैसे ख़ूब सिगरेट पीने के बाद कुछ खराश हुई हो। फिर एकदम से उठकर चली गईं बिना ये कहे कि फिर आएँगी या नहीं। छठा दिन बीता फिर सातवाँ। आठवें दिन थरमस से सूप ढाल कर पीने ही वाला था कि घंटी बजी। दरवाज़ा खोलते ही सर्द हवा के झोंके के साथ दाख़िल हुईं। ठंड से चेहरा ज़रा लाल था। बिना दुआ-सलाम के कुर्सी खींच कर बैठ गईं। झोले से किताब निकाली। 'आज कविताएँ नहीं हैं।' ऐसा आश्वासन दिया।

कुछ संगीत रखते हो? मेरे स्टीरियो डेक की तरफ़ इशारा करने पर चुपचाप उठीं, शुबर्ट की ऑव मारिया लगाई और अपनी किताब में मगन हो गईं। अरे! कैसी अजीब औरत है, मैं सोचता रहा। 'कुछ लेंगी?' मैंने अनचाहे भी औपचारिकता निभाई। 'नहीं ठीक है।' फिर डूब गईं किताब में। मैंने ज़रा सा झाँक कर देखने की कोशिश की फिर बेमन, अन्यमयस्क होता रहा फिर कुछ नाराज़गी, ठीक है मेरी उस दिन मदद की, तो क्या। यहाँ इस तरह आने की ज़रूरत नहीं। आई डोंट नीड ऐनीवन। लगभग दो घंटे हमने शुबर्ट और फिर हाईडेन को चुपचाप सुना, बिना एक शब्द बोले। फिर जैसे धड़ाके से आईं वैसे ही गईं।

रात मैंने के से शिकायत की, अजीब पागल औरत है, आती है चली जाती है। मैं बोलता रहा, के मुस्कुराती रही। मेरा पैर क्रमशः ठीक होता गया। एड़ी में थोड़ा बहुत दर्द गाहे-बगाहे बना रहता। बावज़ूद उसके कुछ दिन ख़ूब भागदौड़ के बीते। दस दिन बाहर रहा। मैं लौटा तब तक के निकल गई हफ़्ते भर के लिए। मैं अनमना घर में अकेला डोलता रहा। पूरे शनिवार अपने बेंत के झूले को वार्निश करता रहा। इतवार रेड ज़िनफंडेल की एक बोतल और ऑर्किड का एक छोटा गुच्छा लिए मैं धमक गया था। वह ज़रा अचकचाई थीं फिर नारंगी दरी पर बिखरे गद्दों के ढेर की ओर इशारा किया था। वाइन ग्लास ले आई थीं। इस दिसम्बर में मैं सड़सठ साल की हो जाऊँगी, उन्होंने ग्लास मेरी तरफ़ बढ़ाते हुए कहा, जॉगिंग कब शुरू करोगे?

हम दो घंटे बतियाते रहे पर सीमस और शुबर्ट की बात नहीं की। इस बार हम सिनेमा की बात करते रहे। ख़ूब हँसे। शायद वाइन का भी कुछ ख़ुमार था।

ज़िंदगी कितनी हसीन है, नहीं? उनका चेहरा, थोड़ी सी झुर्रियों भरा चेहरा एक ख़ूबसूरती से दमक रहा था। वाकई, वाकई!

(के ने मुझे कभी बताया था कुछ दिनों पहले। अकेली रहती हैं। पति नहीं रहे। बेटे के पास यूएस गईं। पहुँची ही थीं कि ख़बर मिली किसी हाईवे

ऐक्सिडेंट का शिकार हुआ। फिर दोस्त-अहबाब पर निपट अजाना शहर और दुख, तोड़ देने वाला व्याकुल दुख जिसका ओरछोर कूल किनारा नहीं। लौट आईं। अकेली रहती हैं बिलकुल अकेली। कितनी बहादुर! कितनी हिम्मत, कैसी दिलेरी। दिस इज़ लाइफ, ब्लडी अनजस्ट बट ब्यूटीफुल! दिस इज़ लाइफ)

टिकट कहाँ रिफंड होता है?

मेज़ पर चुमकी की पायल रखी है। तब की जब वो साल भर भी की नहीं थी। अब कलाई तक में भी न आए। कमरा गुम्म है। सब चीज़ चेक कर ली हैं। हफ़्ते दस दिन से यही कर रहे थे। हफ़्ता दस दिन क्यों ये तैयारी तो और पहले की है। बैंक अकाउंट में नाम बदलना, नॉमिनी डालना पेंशन ग्रेच्युटी के काग़ज़ातों पर, राशन कार्ड, वोटर आईडी, पैन कार्ड, एलआईसी की सारी पॉलिसियाँ, किसान विकास पत्र और एनएससी के सर्टिफिकेट्स, मकान की रजिस्टरी के पेपर्स, शेयर सर्टिफिकेट्स। सफ़र पर चलने के पहले कितना काम। सब एक मैथेमैटिकल प्रेसाइशन से करते रहे। लिस्ट बनाई और हर काम ख़त्म होने के बाद टिक किया। अब बाक़ी रहे सिर्फ़ दस, पाँच, तीन दो एक। सब निपटाते समय जीवन भर की अकाउंटैंसी से उपजे कार्यकुशलता का तानाबाना हर कदम पर दिखता रहा। मन को उठा कर कोने वाली दुछत्ती पर डाल दिया था। ये पहला अच्छा काम किया था। जयंती तक साथ होती तो समझ नहीं पाती।

सिर्फ़ एक सबसे बड़ी चीज़ तय करने की रह गई है। सफ़र पर निकलें कब? चुमकी लौट जाए या उसके पहले। दस दिन से सिर्फ़ इस कमरे उस कमरे डोल रहे हैं। ये कोने वाला स्टडी टेबल शादी के जस्ट बाद ख़रीदा था, विपुल से उधार लेना पड़ा था। और ये पलंग, किस्तों पर। गैराज में सड़ रही फियेट जंग खाई, कितनी जद्दोज़हद के बाद बैंक लोन से। बाद में ज़ेन आ गई थी। फिर चुमकी के आग्रह पर एस्टीम। ज़ेन बिकी थी उस नुक्कड़ वाले किराना दुकान के मालिक को। फियेट अब भी धरी है, चूहों-मूसों का घर। दीवार पर हाथ फेरते याद करते हैं, किस बचकाने उत्साह से फ़र्श के टाइल्स, खिड़कियों के शीशे, बाथरूम के फिटिंग्स लाए थे। जयंती कैसी नाराज़ हो गई थी, रसोई तो होगी ख़ूब बड़ी और बिलकुल जाने कब से सँभाल कर रखी गई

ब्रिटिश पत्रिका वाला किचेन...रोज़वुड कबर्ड्स। और गेट पर मालती लता का लतर। दरवाज़े पर पीतल के अक्षरों से नाम लिखा उनका और जयंती का। कैसा ख़ुश हुई थी जयंती। हर बार कहीं बाहर से घर में घुसती तो हाथों से एक बार सहला लेती अपने नाम को। लेकिन अन्त में बड़ा कष्ट झेला बेचारी ने। कैसे टुकुर-टुकुर याचना भरी नज़रों से खिड़की से बाहर ताकती।

इस पाँच कमरे वाले भभाड़ घर में, इस विशाल हाते में अकेले कितना भूत बने डोलें। रामदीन माली भी साल भर पहले गुज़र गया। अब उसका बेटा महीने दो महीने में आता है। सब फूल ख़त्म हो गए। जंगली झाड़ फैल गई है सब तरफ़। अबकी दफ़े चुमकी आई तो कितनी ग़ुस्सा हो रही थी। क्या हाल बना रखा है अपना और घर का पापा? अपने मैनीक्योर्ड लॉन और पिक्चर पोस्टकार्ड घर की तसवीरें दिखाती रही। कितनी दूर और कितनी अलग दुनिया है उसकी। यही मेरी बिट्टी चुमकी?

अब दिमाग़ में सिर्फ़ एक हथौड़ा बजता है, अकेले-अकेले। रात-बिरात क्यों दिन में भी कुछ हो जाए फिर? पिछले रो वाले बंगले में विश्वबंधु जी का क्या हुआ? तीन दिन तक किसी को पता तक नहीं चला। कैसे हदस से मन भर जाता है। घड़ी की टिक-टिक, पंखे का एक गोल धीमा चक्कर, नल की टोंटी का टपकना...सब बीतता है न बीतते हुए भी। जयंती होती तो मन की भाषा में समझाती। यहाँ तो सिर्फ़ हिसाब-किताब करने पर फ़ॉर्मूले का अन्तिम इक्वेशन ही दिखता है। एक सरल उपाय।

रात गेट पर ताला लगाया। सब खिड़कियाँ-दरवाज़े बन्द किये। छत वाले किवाड़ पर छोटा ताला लगाया। सारे बाथरूम के नल चेक किये। फिर साफ़-सुथरे बिस्तर पर लेट गए। धुले हुए कपड़े। चप्पलों को क़रीने से बिस्तर के ठीक सामने रखा। बस अन्तिम बार पहनना हुआ। चुमकी मेरा बेटा चुमकी, ख़ुश रहो ख़ुश रहो। नाराज़ होगी फिर भी यही सही था। एक अन्तिम बार साइड टेबुल पर रखा चुमकी को लिखा गया पत्र देख लिया। नींद की गोलियाँ गले में अटकी थीं ज़रूर। छाती पर हाथ बाँधते डर का एक भयानक आवेग झकझोर गया। कूद कर गड्ढे के पार सुरक्षित पहुँच जाने की मर्मांतक टीस। बस एक मौक़ा और? शरीर से कुछ निकल बहा हो। सिर्फ़ एक अन्तिम नींद भर ही तो।

(हफ़्ते भर बाद चुमकी पापा के लिए लाया एयर टिकट थमाती है ज़फर को, देखिए कुछ हो सकता है? रिफंड? फिर फफक कर रोने लगती है)

मुन्नव्वर तुम्हें प्रेम हो गया है!

मुन्नव्वर सुल्ताना बेग़म आज ज़रा मायूस थीं। शीशे के सामने घंटों बिताए पर बालों की काकुलपत्ती ठीक-ठीक नहीं सजनी थी सो नहीं सजी। एक लट का भी कमबख़्त घूँघर न होना था फिर लाल गुलाब का फ़ायदा क्या। उस पर तुर्रा ये कि हाले दिल बेहाल। न उनको सुनाया गया न थाम के नौ गज शरारे के खम में छुपाया गया। जूतियाँ तक पैरों में ऐसी काट खाती थीं कि बस, इस पहलू उस पहलू बेचैन लहर मचलती बस। पान और ज़र्दे किमाम की ख़ुशबू से सिर घूमता था। छोटे नक्काशीदार हत्थे वाले आरसी में जहाज जैसे पलंग पर लेटे-लेटे जाने क्या देखती-सोचती थीं।

काहिरा अंकारा के बुर्जों पर शाम ढलती थी। कहवाघरों में धुआँते अँधेरों में बहसें गर्म होती थीं। यहाँ इस लाल पत्थरों वाली हवेली पर अँधेरा चुपके से आता था। चमगादड़ निपट अन्धकार में उलटे लटके घंटे गिनते थे। दान्यूब के तट पर बर्फ़ जमती थी। समोवार की गर्म भाप चेहरे को कंठ के पहले धिका देती। आग और बर्फ़ का खेल चलता। सरदी और गर्मी की रस्सी कूदते मौसम बदलता। सेंट पीटर्सबर्ग स्कायर पर लाल मफलर ओढ़े इर्वीना स्मेलोवा ओदोलेन स्मेलोव के हाथ में अपना हाथ, ठंड से चिलब्लेन वाला हाथ, थमा देती। नील नदी पर बजरे पर तैरते अमोन और ज़हरा पानी में डुब्ब से डुबकी मारते सूरज को देख-देख उदास मुस्कुरा देते। मिराबो में अनातोल मारी अन्ना को देख कहता, I was in love once (मैंने प्यार किया था कभी)। उसकी आँखें कहीं सुदूर चली जातीं। नहीं देखती कि मारी अन्ना का चेहरा फक्क पड़ गया है। ऑस्टिन में सिगरेट से धुआँ छोड़ते, धुएँ से आँख मिचमिचाते नाओमी अचानक रसेल को कहती, 'मूव अवे हनी, मूव अवे।' रसेल मूव अवे नहीं करता, बस इंतज़ार करता, इंतज़ार। दुनिया में जाने कहाँ-कहाँ औरत और मर्द यों हाथ में हाथ डाले चुप घूमते, बिना एक शब्द बोले-बतियाए। ऐसे जोड़े जो बिना कहे एक-दूसरे को समझ लेते। और ऐसे भी जो ख़ूब-ख़ूब बोलकर भी ज़रा सा भी नहीं समझते। क़तरा भर भी नहीं। न एक-दूसरे को न ख़ुद को। और जीवन बिता देते इसी मुग़ालते में कि समझ लिया सब।

मुन्नव्वर जान दौड़ कर जाती मेहराबों वाले झरोखे पर, पल भर को झाँकती फिर पलट निढाल गिर पड़तीं। साटन और किमखाब के चादर पर बदन फिसल जाता। कितना दुख। मिस मजूमदार होतीं तो कहतीं, 'की दारुण कोथा,' फिर अपना चाँदी का गुच्छा अपने सलोने कमर में खोंस होंठ दबा कर

अफ़सोस जाहिर करतीं। मुन्नव्वर! मुन्नव्वर। तुम्हें प्रेम हो गया है। मुन्नव्वर छाती पर हाथ धरे आँख फाड़े एक पल को मिस मजूमदार को देखती है। प्रेम! मुझे? फिर एकाएक बिस्तर पर ढह जाती है। हँसते-हँसते उसकी आँख से आँसू की धार बहने लगती है। मिस मजूमदार अफ़सोस और करुणा से उसकी तरफ़ देखती हैं। उफ्फ बेचारी लड़की। हाथ में पकड़ी वर्जिनिया वुल्फ़ की मिसेज़ डैलोवे ज़रा और कस कर पकड़ लेती हैं। मुन्नव्वर की हँसी अब जाकर रुकी है। ओह मिस मजूमदार, प्रेम नहीं मुझे तो सिर्फ़ बदहज़मी हुई है बदहज़मी। डाईज़ीन की गुलाबी गोली बड़े से बड़े प्यार पर मजबूत पड़ती है।

टू गो व्हेयर नो मैन हैज़ गॉन बिफोर

(डायरी का पहला पन्ना जो लिखा गया नहीं है अभी इस समय में...किसी भी समय में पर जो घटता है इस समय में, किसी भी समय में)

सब चीज़ें ऐसे ही धीरे-धीरे चुक जाती हैं बेसान गुमान के। मैग्नीफाइंग ग्लास का शीशा खेल-खेल में कलाई पर रखा तो मैग्नीफाइड कोशिकाओं का जाल किसी सौ साल के बुड्ढे की चमड़ी दिखा गया। सिहर कर आँख बन्द कीं तो लेकिन तब तक सिहरन दौड़ चुकी थी शिराओं में। धूप में बैठे सुसुम वाइन का घूँट मुँह के अन्दर ज़ुबान पर गुनगुना था और गुनगुना था जीवन का बीतना। मुँदी आँखों के भीतर किसी सूरज का चमकना किसी नये तारे का जनमना।

मिमोसा के पत्तों पर नीचे एक भुआ पिल्लू स्थिर जड़ा था। लैब के अन्दर कुछ रहस्यमय कारगुज़ारी चल रही थी। चश्मे के मोटे शीशे भाप से धुँधलाए थे। आकृतियाँ रेटिना के पहले बनती थीं और दिमाग़ के न्यूरांस चटक रहे थे। तारों और पाइप्स का जाल। पूरा सयंत्र क्रोम प्लेटेड चमचमाता, न एक कण धूल। कंट्रोल्ड एटमॉसफियर!

पेट्री डिश में उबल रहे थे बुलबुले नीले और नीले। डीप फ्रीजर में न्यूनतम तापमान कल्पना के परे था, कोई फ्रिजिड जोन। जहाँ साँस थम जाती है, लहू जम जाता है, हृदय धड़कना बन्द करता है तो एक पल का एक सदी का आराम। उस क्षण के ठीक-ठीक बाद फिर दुगुने आवेग से सब शुरू होगा, नया जलसा नया आयोजन और नया त्योहार...। कोई पुच्छल तारा टूटा है अभी अभी कहीं।

भुआ पिल्लू सरक कर दूसरे पत्ते की टहनी तक पहुँच गया है। मेरे वाइन ख़त्म करते-करते नीचे की काली मिट्टी तक पहुँच जाएगा, इसके आज के जीवन का प्रयोजन। जैसे मैं इस वाइन को ख़त्म कर के सफ़ेद लैब कोट धार के झुकूँगा मेज पर, उठाऊँगा फॉरसेप से एक महीन बुलबुला और फूट पड़ेगा बेइंतहा कोई छतफोड़ ठहाका?

फ़िलहाल टाँगें आगे फैलाए धूप चेहरे पर लेते बीतता है एक पल फिर एक पल। किसी और समय में घटित होती हैं किसी और के जीवन की बातें। किसी फिबोनाची नम्बर्स का जादू उलझाता है किसी दिमाग़ को, कितनी चालें? शह और मात। घोड़े, प्यादे और वज़ीर लेते हैं डेढ़ चाल, पिटती है रानी, गिरता है शहसवार मैदाने जंग में, छोड़ती है हेलेन मेनेलॉस को किसी पेरिस की चाह में, यही था वो चेहरा...दैट लौंच्ड अ थाउजेंड शिप्स? क्रूर-क्रूर नियति, क्रूर जीवन की गति।

मुँदी आँखों के भीतर सब घटता है एक-एक करके, कभी सिलसिलेवार कभी बेतरतीब। मैं भी घट रहा हूँ शायद किसी और की मुँदी आँखों के भीतर? या क्या पता किसी भुआ पिल्लू के सरकने जैसा ही निष्प्रयोजन है मेरा अस्तित्व? फिर कहाँ जाना चाहता हूँ मैं? वहाँ कहाँ जहाँ कोई अब तक गया नहीं। व्हेयर नो मैन हैज़ गॉन बिफ़ोर?

बाथटब आदमी और कनगोजर

ओह, कैसी भटियारी ज़िंदगी है। सड़क की धूल भरी गर्द फाँकता सोचता है आदमी। एक लाइन से इकतल्ला दुकानें, माँ अम्बे टैंटहाउस, स्नोव्हाइट लौंड्री, महावीर भोजनालय का शुद्ध शाकाहारी भोजन, साईं फोटोकॉपियर, मित्तल केमिकल्स से लेकर गुड्डू पप्पी दी गड्डी और बुरी नज़र वाले तेरा मुँह काला और नींबू-मिर्ची का टोटका, कैसी प्रेडिक्टेबल ज़िंदगी है। कोल्हू का बैल हुए सब। इक्के का घोड़ा जिसकी आँखों पर काली पट्टी जिससे सिर्फ़ आगे आगे देखे। आजू-बाजू अन्धकार शून्य।

औरत सिर्फ़ रंग सोचती है। दिन-रात रंग। उठते-जागते रंग। इतना कि आँखें थक जाती हैं फिर ख़ाली स्याह सफ़ेद दिखता है। सोचती है सिर्फ़ सोच लेने भर से हो जाएगा? हुआ है क्या? फिर? फिर भी फिर भी। औरत की छाती हुम्म-हुम्म करती है।

कबाड़ीवाले के टाल पर अंबार है रद्दी का, टूटे-फूटे कबाड़ का और किनारे पड़ा है एक पुराना इनामेल का बाथटब जिसे जोसान ने प्यारी मटिल्डा के लिए ख़रीदा था सन उन्नीस सौ तेईस में। नीली आँखों वाला जोसान और हरी आँखों वाली मैटी प्यानो पर जब बजाती थी, 'आई वॉन्ट से आई विल बट आई वॉन्ट से आई वॉन्ट', तब जोस देखता था कैसे उसे। पर आदमी को क्या पता कौन जोसान कौन मैटी। यहाँ इस छोटे से क़स्बे में ईसाइयों के कब्रिस्तान में कैसी जंगली हाथी घास उग आई है। बकरियों, मेमनों का झुंड टूटी दीवार से कभी-कभार अन्दर घुस आता है तब गले बँधी घंटी की रुनझुन में प्यानो की आवाज़ ऐसे ही गूँजती है। तब गड़रिया टूटी मुंडेर पर बैठ कर आसमान तकता है रुई बादल।

उस छोटे से घर के बड़े से आँगन में कोने में ख़ूब सेरेमनी के साथ बाथटब टिकाया जाता है। औरत फिक्क-फिक्क हँसती है। हाय! कौन नहाएगा इसमें? मैं तुम कि ये हमारी मुर्गियाँ? हाय, पेट पकड़ पकड़ कर दोहरी होती है। इतनी कि आँखों में आँसू झिलमिला जाते हैं। और आँसू में बेहिसाब रंग। आदमी झेंपा मुस्कुराता है। कान खुजाता है, सिर झुकाता है फिर हँसता है। बाथटब के कोने पर बैठ-बैठ हँसता है। लाए हैं तुम्हारे लिए और क्या?

इस प्रेडिक्टेबल ज़िंदगी में कुछ अनप्रेडिक्टेबल कर देने के आह्लाद से भर जाता है आदमी का मन। औरत की हँसी रसभरी है और आँगन का कोना धूप के टुकड़े में झिलमिल करता है। इनामेल के बाथटब के नीचे तल से सटा कनगोजर ज़रा सा और अन्दर ठंडे में सरक जाता है।

ओह ब्लेम इट ऑन द डीएनए बडी

आज मैं हुई चिराग का जिन्न, ऐसा उसने कहा। क्या दे दूँ कहाँ दे दूँ। ऐसा कि दिग दिगंत लोक पाताल सब भर जाए। अन्दर समुद्र हरहराता था। पेड़-पौधे, नदी-नाले, चर-अचर, जल-थल। सब तरफ़ धुआँ ही धुआँ। और बीच में घूमता था गोल-गोल चिराग भी, जिन्न भी और वह भी जिसे दिया जाना था पर जो ले नहीं सकता था। ले लेना आसान नहीं होता ये वो जानता। इसलिए कि लेते ही देने का खेल शुरू होता है और उसके पास न चिराग, न जिन्न न मन। यह भी जानती थी जो देना चाहती थी। उसे पता था जिस पल सब थिर होगा उसका देना भी रुक जाएगा। तब चिराग धुएँ सा काफ़ूर हो जाएगा। वक़्त

निकल रहा था, गला भर रहा था। ख़ाली तलहटी पर कोई फूल नहीं था, धुआँ भी नहीं था, कुछ नहीं था। जिन्न का जादू तो नहीं ही था।

बदन की कोशिकाएँ पीले पत्तों सी झर रही थीं। चाय की केतली में पत्तियाँ जैसे तल पर नाचती फिर थमती हैं। किसी जीनोम के डीएनए में छुपा गुप्त अज्ञात कोड अपना काम बेआवाज़ एफिशिएंसी से कर रहा था। हज़ारों लाखों साल से रिबन में पंच हो रहा था हर एक क्षण के घटित होने का हिसाब। कैसे लम्बे इक्वेशंस, महीन फ़ॉर्मूलॉज, कोई अल्गारिदम...पाइथागोरस या यूक्लिड, जाने क्या-क्या सिम्बल्स। किसी उज़बक पागल साइंटिस्ट का सोचा हुआ कोई अजूबा प्रोसेज़ जहाँ आधा किसी पीले कम्प्यूटर शीट के हरे प्रिंट में धड़क रहा था और बाक़ी किसी वेरियेबल स्मृति पर द्वार ठकठकाते अपने आगमन का ऐलान करता होता। बीकर में उबलता फफकता बैगनी धुआँ, पिपेट की एक फूँकी बूँद पर, जैसे एक फूँक पर चू पड़ी ज़िन्दगी। हर घटना के पीछे करोड़ों छोटे कीड़े कुलबुलाते हों, किस लार्वा से कैसा प्यूपा? फिर कैसी तितली? रानी मधुमक्खी बैठी है अपने छत्ते के बीच में। काम चल रहा है अनवरत चलती चीटियाँ। प्रोग्राम फ़ॉर इटरनिटी।

कितनी अंगड़ाई ले कर पीठ ठोकते हैं। यह किया वो किया, जाने क्या-क्या किया। हमने किया, हमने कहा। ओह, आह। किया-किया। गर्द गुबार पर आँख मींची। नहर खोदे, बाँध बाँधा, अपना मन साधा। ओह जीवन जीया...हमने-हमने। इतना पढ़े इतना भूले। साइबेरियायी क्रेन और अपलूजा घोड़े, बेलूगा कवियार और टॉरटिल्ला फ़्लैट, कम सेप्टेम्बर। ज्ञान बाँटा, अज्ञान बाँटा। मन-ही-मन उत्फुल्ल रहे गुलफुल रहे। नहीं बाँटी तो सिर्फ़ एक चीज़, पकड़ के रखी, छाती से संजो के रखी। हाँ जी ले के जाएँगे अपने साथ। वही अपने ख़ाली हथेली का सच। सच!

डीएनए में छुपा कोड हँसा, गुपचुप हँसा। हर हँसी पर पंच किया हुआ कोड लहराया। ब्रेल के डॉट्स और डैशेज। किस अशरीरी उँगलियों ने पोर फिराया। एक डॉट और एक डैश और बदल गया। हाँ जी पूरा जीवन बदल गया। मुन्ना, तू तो ऐसा न था। बेवक़ूफ बुचिया बबली बॉबी कैसे बनी? मैंने दिया बेहिचक दिया। न कोई जिन्न न चिराग फिर भी दिया। उसने नहीं लिया, हिज़ लॉस व्हाट द हेल? मेरा कोडबुक फॉल्टी? ओह ब्लेम इट ऑन द डीएनए बडी!

चार सौ एक नम्बर की बस रूट माने क़िस्सा कोताह किसी गुलफ़ाम का

चार सौ एक नम्बर बस में भीड़ की रेलमपेल है। औरत बेहाल है। पसीने से तरबतर। दुपट्टा गले की फाँस है। बैक का स्ट्रैप कन्धे पर दर्द की पट्टी छोड़ रहा है। है भी इतना भारी। जाने क्या-क्या अल्लमगल्लम ठूँस रखा है, मुड़ा-तुड़ा रूमाल, कंघी, बेबी का दिया हुआ छोटा सा बन्द हो जाने वाला आईना, क्रोसिन और डिस्पिरिन की दो पट्टी, जेलुसिल का आधा पत्ता जिसमें सिर्फ़ दो टैबलेट्स हैं, वो भी एक्सपायरी डेट पार करता हुआ, सूखी हुई कत्थई रंग की लिपस्टिक जो कभी लगाई नहीं जाती, बिन्दी के दो पत्ते, एक काली गोल दूसरी कत्थई लम्बी, सेफ्टीपिन का एक गुच्छा, तीन-चार क्लिप, मिसेज भल्ला का लाया चाँदी के ब्रेसलेट का डब्बा जिसके पैसे अगले महीने की तनख्वाह से दिये जाने हैं, दो दिन से बैग में घूमता सेब, टिफिन का छोटा डिब्बा, अधखाया परांठा, आलू की भुजिया और आम के अचार का रिसता तेल, छोटी एड्रेस वाली डायरी, एक डिज़िटल डायरी के बावजूद...अभी तक डिज़िटल छोड़ उसी पर हाथ जाता है पहले, एक पतली कविता की किताब, जिसे रखे-रखे, बिन पढ़े भी, कोई कोमल भाव अब तक ज़िन्दा है जैसा सुख कभी रुई के फाहे सा सहला जाता है, कुछ ज़रूरी कागज-पत्तर, फ़ोन का बिल, पिछले महीने ख़रीदे गए सलवार-क़मीज़ का सुपर टेक्सटाइल का बिल, लौंड्री की रसीद, डॉक्टर का प्रेस्क्रिप्शन, मोबाइल का चार्जर, गुड़िया की मैथ्स की किताब जिसकी बाइंडिंग करानी है, आज भी कहाँ हुई...मानो पूरी की पूरी दुनिया।

औरत कन्धे सिकोड़ती सोचती उफ्फ कितना भारी है बैग। आज शाम ही हलका करती हूँ। गर्दन और कन्धे की मांसपेशियाँ जकड़ गईं बिलकुल। बार-बार उसका बैग कोने की सीट पर बैठे आदमी के सर से टकराता है। आदमी शरीफ है। ये झल्लाकर नहीं कहता, मैडम अपना बैग सँभालो। बस हर टकराहट पर एक बार आँख ऊँची कर औरत को देख लेता है। औरत हर बार शर्मिन्दगी और झेंप भरी मुस्कान देते हुए बैग को अलगाने का नाकाम उपक्रम सा करती है। अगर आदमी ने कुछ कह दिया होता तो लड़ पड़ती, ऐसे ही आराम से चलना है तो गाड़ी करो, हुँह। पर औरत भी शरीफ है, चुप रह जाती है। रोज़ का सफ़र है। 401 नम्बर की बस से इसी वक़्त जाना है। दोनों शक्ल से पहचानते हैं एक-दूसरे को।

आदमी सोचता है क्या होगा इस बैग में? कोई रहस्यमय दुनिया, इस औरत का अन्तरलोक? उसे इच्छा होती है एक बार बैग का ज़िप खोल कर अन्दर झाँक ले। औरत सोचती है स्टॉप आने में अभी आधा घंटा और है। घर जाकर क्या सब्ज़ी पकाऊँ, दाल बनाऊँ कि नहीं, गुड़िया को होमवर्क कराना है, कपड़े धोने हैं, किराना दुकान से चायपत्ती लेकर आना है, ओह कितनी गर्मी है सबसे पहले नहाना है। आदमी अकेला है। उसे घर-गृहस्थी की ऐसी बातें नहीं सोचनी। खाना काके दा ढाबा में खाना है, टीवी देखना है और पसर के सो जाना है। उसे ये औरत आकर्षक लगती है। ढलके बालों में और टेढ़ी बिन्दी में, क्लांत थके चेहरे में जाने क्या-क्या सोचती जाती है। आदमी सोचता है आज कुछ ज़्यादा थकी दिखती है। क्या करूँ अपनी सीट दे दूँ? लगभग उठ सा ही जाता है फिर याद आता है, कितना तो काम किया आज। लेज़र की इतनी पोस्टिंग्स कीं। सारा बैकलॉग निपटाया, बैंक रिकंसीलिएशन किया। हाय, पीठ अकड़ गई। आज तो काके के ढाबे में भी जाने की हिम्मत कहाँ। अपनी थकान की सोचकर फिर फैलकर बैठ जाता है। औरत बैग सँभालती सोचती है स्टॉप अब आ ही चला। आज का दिन तमाम हुआ।

राग टाग क्या विहाग

कैसी धम-धम धमक थी। पैर के घुँघरू की आवाज़ दब जाती थी। तबले की टनकार हर थाप पर गूँज कर, उठकर तानपूरे के स्वर के साथ कुछ छेड़छाड़ कर लेती। गले की खखास, कुछ तैयारी, तानपूरे का टुनटुना देना बस एक-दो बार। गावतकिये के सहारे सफ़ेद ज़ाज़िम पर बैठे ढुलके अधलेटे स्वर जाने किस तन्द्रा में चौंक-चौंक जाते। महफ़िल की तैयारी थी या समाँ ख़त्म होने की शुरुआत, पता नहीं चलता था। सुर साधक थे कि राग-टाग क्या विहाग जैसे अनाड़ी थे। हर खम पर सिर डुलाते हाथों से ताल देते किस दुनिया के वासी थे। झूमने वाले, रात भर डोलने वाले, अधनींदी आँखों से मधुरम-मधुरम जपने वाले, सब उसी उजली रात के स्याह-सलेटी सलाखों को छाती से लगाए चेतन-अचेतन जड़ थे। आधी रात का राग था कि भरी चटकीली कँटीली दोपहरी का स्वरगान था, कौन जाने पर कोई अधूरी पंक्ति का बिसराया हुआ गीत ज़रूर था, अटका हुआ था स्मृति के किसी नोक पर, तलवे पर गड़े काँटे सा, न निकलते न भूलते बनता। बस एक खोंच सा, लटपटायी ज़बान सा, था

तो सही ऐसा ही कुछ अनाम-सा।

किसी सिहरते रोएँ का नृत्य था, नसों में दौड़ता संगीत था, पान खाए होंठों की ज़ालिम ललाई थी, गाढ़े शहद-सी बहती आवाज़ थी।

फूहड़ता में भी सौन्दर्य खोजता है कलाकार

डोलती हुई छायाओं से लगातार कैसी और कितनी मगजमारी। हाथ धरे गाल पर सोचता है कवि। मक्खियाँ भिनभिनाती हैं लगातार। सोये बच्चे के मुँह पर और बहती नाक पर स्याही के मोटे भद्दे चकत्ते जैसे। नाली में बहते पानी के साथ तैरते चावल के दाने, आलू के छिलके, ढंगराए बर्तनों पर बैठा एक काला कौआ, चौकन्ना ताकता, गुम्म दोपहरी में। पुराने काठ के बक्से को मेज बना इस्तेमाल करता हमारा कस्बाई कवि-लेखक, कौए की काँव-काँव में ढूँढ़ता है संगीत, लय, ताल। कोई ओवरफ्लोइंग वेस्टपेपर बास्केट तक नहीं, सृजनात्मकता का चमत्कृत मिसाल दे दे ऐसा कोई उद्धरण नहीं, किसी ज्ञानी महापुरुष की तसवीर तक नहीं। ऐसे में कोई क्या लिखे, कैसे लिखे। पत्नी बेखबर साड़ी के मुसे-तुसे आँचल से मुँह ढाँप सोती है निश्चिंत। बच्चा भरी नाक से गड़गड़ाती साँस लेता माँ के ब्लाउज़ का कोना पकड़े हकबका कर पैर फेंकता है फिर करवट-करवट बेचैन नींद में ढुलक जाता है।

जागा है तो सिर्फ़ हमारा लेखक। पिछले महीने ही तो काव्यप्रभा के तैंतीसवें पृष्ठ पर उसकी कविता छपी थी, 'पुकारता रहा प्रिये'। बीस लाइन के इस श्रृंगारिक काव्य रस पर दो अदद पोस्टकार्ड भी प्रसंशिकाओं के मिले। नाम तो नहीं लिखा था पर मजमून के तर्ज़ पर ये मानने को कवि मजबूर हुआ कि ऐसी चिट्ठी किसी विरह रस में सर से पैर तक पगी कोई कन्या की ही हो सकती है। ख़ैर जो भी हुआ उन दो पत्रों को अनगिनत बार पढ़ने का सुख, पत्नी के पूरे वैवाहिक जीवन के एकमात्र लिखे पत्र से कई गुना ज़्यादा था।

ऐसी ही और कितनी चिट्ठियाँ आएँगी इस सुख का एहसास मात्र कवि को आगे लिखने की प्रचुर प्रेरणा दे रहा था। पत्नी के चौड़े-चपटे मुँह पर से आँचल हट गया था। तेल सनी चुटिया के अन्त में मटमैला लाल रिबन और साड़ी के अन्दर से झाँकता चीकट पेटीकोट मन की सारी सुरम्यता, कमनीयता पर झाड़ू फेर रहा था। आह! कवि होना भी कितना त्रासदायक है। ओह कविमना किधर ढूँढ़े सौन्दर्य और कहाँ मिलेगा बोध। कविता, सुन्दरता की

कैसे रची जाएगी, बहती नाक और जूठे बर्तनों के खरखट्टे ढेर पर कौए के बेसुरे काँव-काँव में कहाँ से निकाला खोजा जाएगा सुर?

पत्नी को बेढंगे तरीक़े से पैर से ठेलकर कवि ने उठाया। पत्नी भकुआई आँख मलती उठी। बेशऊर, फूहड़ थी पर गृहस्थिन थी सो उठी और चाय बना लाई। फिर आँचल कमर में कस जुट गई बर्तनों का निपटान करने में। बच्चा सोया है तब तक बर्तन चमचमाने लगे। कवि चाय सुड़कता आसमान ताकता सोचता रहा सोचता रहा। दो शब्दों से आगे बढ़ नहीं पाया। बीती विभावरी जाग री के तर्ज़ पर बीती रात, बीती रजनी के खेल खेलता रहा। 'मैं थक गया, आता हूँ ज़रा ताजादम (ताज़ा नहीं ताजा) हो लूँ,' कहता एहसान जताता, चप्पल फटफटाता निकल गया। पान की गुमटी के पास यार-दोस्तों संग सिगरेट फूँकी, हँसी-ठट्ठा किया, साँझ ढले डूबते सूरज को देख दुखी हुआ। रात अवसाद लेकर सोया। हाय आज कविता लिखी नहीं गई। पर टुमौरो इज़ एनदर डे।

('गॉन विद द विंड' से हमारे कवि को क्या सरोकार पर आशा की जोत जलती है लगातार। फूहड़ता में भी सौन्दर्य खोजता है बारम्बार। तभी तो कवि है दिल का महीन, नफ़ीस है, लेखक है, कलाकार है)

खिड़की के अन्दर खिड़की के बाहर

लड़की झुकी थी। बाल उसके गिरते थे चेहरे पर। बार-बार कानों के पीछे करने पर भी फिर मिनट भर बाद गाल पर गिर आते। ट्रेन की रफ़्तार से हिलती-डुलती पढ़ती जाती थी लड़की। ट्रेन गीत गाती थी। उसके चक्के एक बीट पर घूमते थे, छुक-छुक-छुक-छुक एक पैसा एक पैसा। सलाखों से नाक सटाए लड़का गाता था, सपनीली आँखों से देखता था, भागते हुए संसार को, दूर सुदूर किसी धुँधलाए सुबह के कुहासे में डूबी मेंड़ पर एक अकेला छतनार पेड़, रहट पर पानी उलीचता किसान, भागते हुए धुएँ उड़ाती रेल को भौचक पनीली आँखों से ताकती गाय, बछड़े की बजती घंटी, कोई नया नया संसार। लड़का गाता था। लड़की पढ़ती थी। छिटकी धूप में दौड़ लगाते सूरज की रेलगाड़ी से रेस। किसी गुमटी पर पल भर धीमी होती ट्रेन को ताकता खेत का बिजूका, उठंगी छींटदार फ्रॉक पहने बिखरे बालों वाली टोकरी उठाए लड़की, उजबक लड़का और गोबर पाथती औरत।

फिर रफ़्तार पकड़ती रेल, पीछे सब छूट जाते, सब। कभी न दिखने के लिए। मन का एक छोटा हिस्सा कैसा टूट-मरोड़ जाता। एक बार, सिर्फ़ एक बार फिर। गले की थूक घोंटता लड़का आँखें बन्द कर लेता है सिर्फ़ उतनी ही देर तक जितनी देर रेल गुमटी से पार हुई थी। लड़की इस सब से बेख़बर, पढ़ती जाती है। रेलगाड़ी भागती है छुक-छुक-छुक-छुक एक पैसा एक पैसा। गले की थूक अटकती है अन्दर के संसार में, बाहर के संसार में।

रात पाली के बाद

रात की पाली थी। बारह बजते थे लौटते-लौटते। फैक्ट्री का साइरन दिन में और रात की पाली ख़त्म होने समय तक कितनी मर्तबा बज जाता था इसका हिसाब फैक्ट्री गेट से कुछ दूरी पर पान दुकान की गुमटी वाले बजरंगी को जबानी याद था। ठीक साइरन बजने के घड़ी भर पहले पता चल जाता। पाली ख़त्म होने वाला साइरन अलग और शुरू होने वाला अलग। ख़त्म होने वाले पर बजरंगी की पान-बीड़ी की बिक्री बढ़ जाती। रेले का रेला, हुजूम का हुजूम विशाल गेट के मुहाने से अजबजाए बाढ़ की तरह बह आता। साथ-साथ आती पसीने, थकन और ग्रीज़ की खट्टी बिसाई महक। कुछ भीड़ छिटक कर गुमटी की तरफ़ सरक आती। कुछ और आगे की टीन-टप्पर की दो बेंच वाली चाय दुकान पर जमक जाती। रात की पाली के बाद की रुकी-ठहरी भीड़ बड़ी छेहर सी होती। बस ऐसे ही लोग जो जाने किस वजह घर की बेचैनी में नहीं होते। बीड़ी का सुट्टा, मुट्ठी में भरे, छाती धूँकते खाँसते काँखते रहते। दिन भर की बढ़ी दाढ़ी की छाया चेहरे को फीका मलिन कर देती। घड़ी भर बेंच पर बेचैन सिमटते-सिकुड़ते फिर अलस अँगड़ाई से देह तोड़ते, झुके कंधों को खींचतान कर सीधा सिकोड़ते अपने साइकिलों पर हाथ टिकाए अँधेरी सड़क को पल भर तौलते फिर ठंडी हवा मुँह से छोड़ते साँस भरे दम भर को पैडल मार निकल पड़ते दस-पन्द्रह की भीड़ में। हुहुआती सनसनाती हवा में अँधेरे को चीरते बढ़ जाते अकेली सड़कों पर। भीड़ छँटती जाती, एक-एक करके। सेक्टर के मोड़ पर मालती लता की झाड़ अपनी महक छाप छाप छोड़ती तो लगता कि बस अब आ ही पहुँचे। घर में धीमी रौशनी में एक महफूज़ दुनिया इंतज़ार करती है। खाना और गर्म बिस्तर। बदन अब भी टूटता है। नींद उतरती है आँखों और मुँह के रास्ते, खुली बड़ी जम्हाई में, आँख के निंदाए कोरों के आँसू में।

दरवाज़ा खुलने में ज़रा सी देर पर मन लहक जाता है ग़ुस्से से। दिन भर की हाड़-तोड़ खटाई और ये औरत पैर चढ़ाए फैल से सोती रहे? दिनभर की खटती औरत, बच्चों से सर फोड़ती, चूल्हे से बदन धिपाती अभी घड़ी भर को ही तो आँख लगी थी ज़रा सी। आँख मलती धक्क से उठती है, धड़फड़ा कर भागती है दरवाज़ा खोलने। पैर लटपटाते हैं छापे वाली साड़ी में, चर्र से किनारी फटती है और दरवाज़े पर ही गाली की एक बौछार होती है सो अलग। पर ये तो रोज़ की कहानी है। खाना परोसती है, पँखा झलती है, नींद से झुकती हिलती है, कुनमुनाते बच्चे को एक हाथ से थपथपाती है। मर्द अलस पड़ जाता है मसहरी लगी चारपाई पर। औरत निंदायी निंदायी पानी का ग्लास थामे निढाल आती है बिस्तर पर। रसोई समेटना बाक़ी है अभी, दही जमाना बाक़ी है अभी, मुन्नू की आख़िरी बोतल बनाना बाक़ी है अभी। गँधाती फलियों और कपड़ों के ढेर को सरका कर जगह बनाती वह सोचती है उसकी रात पाली कब ख़त्म होगी।

दोस्त दिलनवाज़

एक दुनिया और एक सफ़र और

कमरे में दो दीवारों पर छत से लेकर ज़मीन तक आलमारी थी, लकड़ी की। तीसरी दीवार पर खिड़कियाँ थीं लम्बी शीशे वाली जहाँ से धूप की नदी अन्दर आती थी। चौथी दीवार अभी ख़ाली थी। लकड़ी के फ़र्श पर कार्टंस ही कार्टंस थे। हम किताबों की कैटलॉगिंग कर रहे थे। अल्फाबेटिकली, फिर नम्बर चिपकाएँगे फिर आलमारियों में सजाएँगे। मैं किताब उठाती और उसके कवर में खो जाती। कोई हवा में भागता आदमी जिसके आउटलाईन्ज स्मज हो जाते हैं या कोई चेहरा जो फेडआउट हो जाता है सिर्फ़ आँखें रह जाती हैं इतना बोलती हुईं या फिर रेत और समुद्र का कोई भूला टुकड़ा या किसी खिड़की के अन्दर से झाँकता कमरे का कोना या कोई साइकिल इंतज़ार में...कोई जर्नी ऑफ़ एम्बार्कमेंट। मैं चल पड़ती विली-निली। सिधु मेटिक्यूलस है। नम्बर का स्टिकर टेढ़ा हो तो उसे दिक़्क़त होती है। शेल्फ़ पर किताबें आड़ी हों तो उसे दिक़्क़त होती। मैं किताबों के पन्ने सूँघती, उँगलियों से काग़ज़ सहलाती, उलटती-पलटती। अगर कोई दिलचस्प लाइन दिखी तो मैं पढ़ने भी लग जाती। मैंने जीन रीस ऐसे ही पढ़ डाली, फ़र्श पर उठंगे हुए खिड़की से टिके हुए अन्ना मोरगन के साथ वेस्ट इंडीज़ और लंदन के थियेटर्स तक उसकी मासूमियत के खोने की अँधेरी यात्रा में उसके साथ हो ली। सिधु नाराज़ होता रहा, अकेला काम करता रहा। नाराज़गी में उसकी एफीशिएंसी बढ़ती जाती। मैं अकेले मोनैको और आर्मीनिया, कोर्फू और काहिरा घूमती रही। किसी ग्रीक मछुआरे के संग भूनी मछली खाती रही, चाँदनी रात में रेत पर बैठे शराब पीती रही, बसरा की तंग गलियों में मोलभाव करती कहवा पीती रही, किसी जार्जियन चर्च में ऑरगन सुनती रही, काफे बूलवार में उस बूढ़े ट्रम्पेट बजाते आदमी की उल्टी रखी टोपी में कुछ नोट डालती रही। और सिधु नाराज़ होता रहा।

हमारा काम हफ़्ता खिंचता रहा। अभी तक हम सिर्फ़ पी तक पहुँचे थे एज़रा पाउंड और टॉमस पाएन और अभी से मुझे एस दिखाई दे रहा था...सैलिंगर और सरोयान, स्टाइनबेक और सिनक्लेयर। मुझे पी ख़त्म करने की हबड़-तबड़ थी। सिधु भी स्टाइनबेक देखना चाहता था पर अपनी उत्तेजना क़ाबू में

रखना उसे आता था। अंडर टाइट लीश। मुझमें जन्मजात सब्र की कमी थी। आलमारी वाली दीवार अब सुंदर लग रही थी। जैसे सफ़ेद कैनवस पर ऐक्रीलिक रंग। मेरी त्वचा सिहरने लगती। मैं चुप बैठे कितनी भी देर उस भरी आलमारी को देख सकती थी, फिर किताबों के स्पाइन पर उँगलियाँ फिरा सकती थी जैसे लोग अपने प्यारे पालतू स्पित्ज़ और सेंट बर्नार्ड को दुलारते हैं। मुझे जाने कब की पढ़ी किताब याद आती जिसमें एक औरत इतनी बूढ़ी और लाचार है, जो देख नहीं सकती पर जो फिर भी जगहें घूमना चाहती है और उसके साथ के लोग ख़ूब इलैबरेट इंतज़ाम करते हैं जिसमें उसे ऐसा लगे, अपने कमरे में बैठे बैठे कि वो सफ़र कर रही है, नई जगहों पर पहुँच रही है, स्टेशन की आवाज़ें, टैक्सी की, कोई ख़ास बीच, वहाँ की महक, शोरगुल, हॉकर्स की चिल्ल-पों, सब रिप्लीकेट की जाती। मैं भी ऐसी ही किसी जगह से दुनिया घूम रही थी। एक धूप के टुकड़े में बैठकर समुद्र की लहरों को सुनती थी, रोटी के टुकड़े चबाती और मुँह में किसी पीटा ब्रेड का स्वाद पाती, बोतल से पानी पीती और अंगूर के शराब की ख़ुशबू जीभ पर महसूसती। ऐसा प्यार मैंने और किसी के लिए नहीं महसूस किया, कभी नहीं किया। ये दिन मेरे सबसे अच्छे दिन थे।

हाँ सिधु से कोई पूछे तो वो क्या कहे? किताबों से उसे भी प्रेम था। पर उसका प्रेम अनुशासित प्रेम था। किताबों का प्रकाशन किसने किया, लेखक किताब लिखते वक़्त कितनी उम्र का था, कवर इलस्ट्रेशन किसने डिजाइन किया, बाइंडिंग कैसी है, छपाई कितनी सुबुक है, पेपर क्वालिटी बुरी है, ऐसे गम्भीर मुद्दों से निपटने के बाद कहानी की बारी आती। उसके पागलपन में भी एक तरतीब थी, पाबन्दी थी नियमबद्धता थी। मैं पानी में सर के बल कूद जाने वाले जुनून से किताब की कहानी में छलांग लगाती, गोते खाती ढेर सारा पानी उछालती किसी नौसिखिये तैराक की अबाध ख़ुशी से किताब पढ़ती। फिर मुझे दुनिया-जहान की सुध नहीं होती।

आज सिधु नहीं है। अन्तिम कार्टन खोले मैं किताबों का ढेर, कुछ गोद में लिए ज़रा उदास बैठी हूँ। सिर्फ़ डब्लू एक्स वाई ज़ेड...एलिस वाकर और वाल्ट विटमैन, यामामोटो और जुकोवस्की...हाथ में मेरे वर्जीनिया वुल्फ़ और गोर विडाल हैं। काम ख़त्म सा हुआ। बोतल का पानी आज सुसुम है। कोई अंगूर-अनार के रस की ख़ुशबू नहीं, कोई पोलर बीयर बर्फ़ पर अकेला नहीं घूम रहा, कालाहारी में बुशमेन का कबीला शिकार के तलाश में नहीं भटक रहा, नेबुचेडनज़र बेबिलोनिया का राजा राज नहीं कर रहा, रानी हातशेपशुत किसी पुरुषवेश में राजगद्दी पर क़ब्ज़ा नहीं कर रही। आज सिर्फ़ एक्स वाई ज़ेड है। मैं किताबों

से भरे इस कमरे में बैठी हूँ ओरलैंडो उठा कर देख रही हूँ और अचानक सम्मोहित हो जाती हूँ उस आदमी से जिसने तय किया था कि वो बूढ़ा नहीं होगा और जो एक दिन उठने पर पाता है कि वह एक औरत में बदल गया है। मेरा जादू फिर शुरू होता है। धूप अब भी खिड़की के काँच के अन्दर आ रही है। आज शायद ही काम ख़त्म हो, मैं सिहरती ख़ुशी से सोचती हूँ।

रूल ऑफ़ द गेम

मेज़ पर फ्रेम्ड फोटो में एक लड़का एक लड़की कैमरे की तरफ़ देखते हँस रहे हैं। कैमरा भी शायद उस पल हँसा होगा क्योंकि तसवीर उम्र के साथ पीली पड़ने के बावजूद एक ख़ुशी की छटा बिखेरती है, अब तक भी, खिले उजले धूप सी ख़ुशी। उस पल को फ्रीज़ करती हुई। कहाँ है अब वो ख़ुशी? मुट्ठी में बन्द पसीजी हुई चुकती हुई, जो थी। अब नहीं है?

'तुम मुझे कितना सुख देना चाहते हो?' लड़की भोलेपन से पूछती।

'मैं तुम्हें सपना देना चाहता हूँ और तुम सुख की बात करती हो?' लड़के की आवाज़ में एक बेचैनी है।

लड़की थोड़ी हैरान है। ये कौन सी भाषा बोलता है। इसके सुर इतने अलग क्यों हैं?

'फिर तुम मुझे सपना ही दो। जो दे सकते हो वही तो दोगे। और जो जितना दोगे उतना ही तो लूँगी।'

'तुम कैसी अजीब बात क्यों कहती हो?' लड़का बेचैन है। लड़की अपने दुख तकलीफ़ को लेकर अपनी मांद में घुस जाती है।

'तुम मेरे लिए क्या करतीं रही आज?' लड़का पूछता है।

लड़की कल की बात से नाराज़, 'कुछ भी नहीं किया तुम्हारे लिए।'

'ठीक है।' लड़का झटके से फ़ोन रख देता है।

फिर हफ़्ते-महीने बीत जाते हैं बात किये, मिले हुए। लड़की पता नहीं क्या सुनना चाहती है। लड़का पता नहीं क्या कहना चाहता है। उनके शब्द एक-दूसरे को बिना छुये निकल जाते हैं। बीच की कोई हवा है जो बहती नहीं।

लड़की कभी कुछ सीखती नहीं। उसे रूल्ज ऑफ़ द गेम नहीं मालूम।

'तुम्हें पता है शतरंज में हाथी, प्यादा, वज़ीर कितनी चाल चलते हैं? ब्रिज कैसे खेला जाता है?'

'मुझे तो मोनोपॉली तक खेलना आता नहीं।' लड़की अबकी बार हँसती है। फिर सोचती है सच मुझे तो किसी भी खेल के क़ायदे-क़ानून नहीं मालूम।

'तुम रूल्ज़ तय करो और मैं सिर्फ़ फौलो? ऐसा क्यों?'

'ऐसा इसलिए कि ये खेल ज़रूरत का है। जिसकी ज़्यादा है वही फॉलो करेगा न।'

फिर लड़की की समझ में पहला नियम साफ़-साफ़ आ जाता है। ठीक। और वो अपनी ज़रूरत कम करने में जुट जाती है।

'आर यू डम्पिंग मी?' लड़का हैरान दुखी है। 'व्हाई?'

लड़की कहती है, 'मैंने नियम बदल दिये इसलिए?'

बसाल्ट पत्थरों पर समुद्र की लहरें सर पटक रही हैं अनवरत। पर्यटकों का झुंड कॉरिक रोप ब्रिज पर ठंड से सिहरता तसवीरें खींच रहा है। बेलफास्ट के किसी पब के बाहर भूरी-लाल दाढ़ी वाला गायक कोई बैलड गा रहा है किसी प्राचीन डुयेल की, किसी अनरेक्विटेड प्रेम की। औरत, काली टोपी और लम्बे नीले ओवरकोट में, पुरुष की बाँहें थाम लेती है। उसके कन्धे पर सिर टिका देती है। पुरुष बेसब्र हो कहता है, चलें अब? औरत सुनना चाहती है गीत इस ठंड भरी शुरुआती दोपहर में, रुकना चाहती है कुछ देर और। खेल के नियम अभी उसे सीखना बाक़ी है। अभी तो पूरा खेल ही बाक़ी है।

कॉबल्ड स्ट्रीट में पत्थरों पर से ठंड धुएँ सी उठती है, छूती है औरत के सर्द गालों को। लकड़ी के बेंच पर अपने बदन को सिकोड़ता लाल चेहरे वाला बूढ़ा जलाता है पाईप, उसकी उँगलियाँ थरथराती हैं पल को माचिस की फक्क से चमकती तीली के साथ। कुहासे में क्षण भर को रौशनी का बस एक गर्म गोला।

पार्क में

लड़की हँस देती है जाने किस बात पर। लड़की हँसती है हमेशा जाने किस बात पर। लड़का हैरानी से देखता है उसे। ऐसे तो हँसने वाली कोई बात नहीं कही फिर लड़की हँसी क्यों? जब भी लड़की हँसती है लड़का हैरान हो जाता है। 'मैं कोई जोकर हूँ क्या' कुछ-कुछ नाराज़गी से कहता है। लड़की कुछ और हँसती है, संतरा छीलती है, बिखरे बालों को कानों के पीछे समेटती है। लड़का सिर्फ़ देखता है और सोचता है। लड़की पूछती है, 'क्या कर रहे हो?' लड़का

कहता है, 'सोच रहा हूँ।' लड़की इस बार नहीं हँसती। लड़की इस बार हैरान हो जाती है, मेरे साथ हो फिर भी सोच रहे हो?

पार्क के ठीक पीछे से, जहाँ से कीकर के पेड़ों का जंगल शुरू होता है कोई पुरानी भूली-बिसरी, लाखैरी ईंटों की मेहराबदार दीवारों की काई लगी इमारत में बन्दरों का एक जोड़ा खोंकियाता है। अधगिरी टूटी दीवार के सहारे टिका, खादी कुर्ते और नीली जींस में भूरी दाढ़ी वाला वो चित्रकार शायद लड़के और लड़की की ही तसवीर बना रहा हो या फिर क्या पता उसका चित्त बन्दरों के जोड़े से जुड़ा हो। सिगरेट की अनगिनत टोंटियों को एहतियातन समेटता वो मुस्कुराता है। उँगलियों को खोल बन्द करता आँखें मूँद लेता है। लड़की होंठों से उँगलियों के रस को पोछती है। लड़के को देख हँस देती है। लड़का इस बार हैरान नहीं होता। लड़का इस बार सोचता नहीं। लड़का इस बार लड़की को देखकर सिर्फ़ हँस देता है।

रुकी हुई रेल

हिलते पर्दे से छनकर रौशनी आती है, शीशे के बोल में अरालिया की एक लतर, किताबों की टांड में एक ग्रॉसमन, रिल्के की ना समझी कोई कविता की एक अदद पंक्ति, चाय की दुकान पर आधी पी गई एक टूटी चीनी मिट्टी की प्याली, झगड़ालू बत्तखों के कैंक-कैंक के बीच ज़रा सा ग़ुस्सा और मेहताब मियाँ के नमाज़ के वक़्त देर कराते पर्दे की बहस करते हँसते कहते दोस्त (जो होना ही था ऐसी संगत में)।

कोल्ताई की फिल्म पर धीमे बात करते, इतवार की उदास दोपहर दो बूँद आँसू की संगत में याद करते, बारिश की एक नम सुबह, बरसों पहले की सूखी घास पर रेंगते चींटे, हवा में उड़ते पतंगे, अलसाए भुनभुनाते भौंरे, कहते सन डैप्पल्ड, एक भुतही काल्पनिक रेल जो जाने किस शहर लिए जाती मुझे, वक़्त में सुन्न जँगलात, हरी वादी, माँ के घने काले केश, आड़ी-तिरछी कहानियाँ, सूनी सड़कें, छापे की वही रंगीन बचपन की फ्रॉक, एक मीठी गोली चूसता लड़का देखता है मुड़ कर अब भी, जाने कहाँ चला गया, किस अजाने भूगोल, बंद होती एक खिड़की के पीछे का धुँधलाता संसार, सुनसान स्टेशन पर रुकी हुई है रेल अब भी हज़ारों साल।

व्हेन यू ड्रीम अ ड्रीम

कहते हैं दिन का देखा सपना सच होता है। जब से सुना है यही दिनमान रहा। इतना देखा और जो देखा उसका इन्दराज दर्ज करते रहे। नीले सपने पीले सपने, सुरीले सपने सुहाने सब। चुपके-चुपके हँसते, ख़ुद पर ख़ुद से। पेड़ देखते, पंछी देखते, पर्वत पर बादल का टुकड़ा देखते। बाबू की मीठी हँसी देखते। अपनी उँगलियाँ फैलाकर उसमें जाने सारा संसार देखते। लम्बी रातों में गीले से गीत का संगीत, मद्धिम रौशनी के झिलमिल में किसका कहा, जाने कहाँ पढ़ा, क्या था? सात तारों का अँधेरा? पूछते तुमसे किसी अन्तरंग घेरे की रौशनी में नहाए, फुसफुसाता हूँ मैं, 'व्हेन यू ड्रीम अ ड्रीम डज द ड्रीम ड्रीम यू?'

दोस्त

धीमे कोई गीत, ज़रा एक सुर, सूनी गलियों में तिरता बुदबुदाता है? दोस्त?

नशे में बहकती किसी लय पर थिरकती एक टूटी सी हिचकी, कोई आधे से साँस की छूटी टूटी-सी भूली एक तान, गिरे देह की दाह में कोई एक ताप गीले से स्नेह का अँधेरे में सहलाता, खिड़कियों से कूदता दबे पाँव फुसफुसाता है, 'देखे हैं तुमने हवा के पाँव?' नीम नशे में दुबकती, सिमटती, उँगलियों की नोक पर आख़िरी ज़र्रे की ज़रा सी आँच तक काँपती भोली सी ज़िद आँख मींचे बोलती है, 'हम हैं हम ही तो हैं।' माथे पर जैसे गर्म एक चुंबन, बच्चे की छाती की दौड़ती कोई धड़कन, मीठा-मीठा कितना-कितना मीठा, जाने कहाँ से आता शिराओं में बजता, न दिखता न होता पर सच फिर भी होता रात के अँधेरे में चंपा के पीले फूल सा गमकता, दोस्त?

परती परिकथा

उनके बीच उल्लास ख़त्म हो गया है। बावजूद, वो अब भी किसी मोह में डूबे बात करते हैं। चौंक-चौंक कर हड़बड़ाकर किसी आवेग में एक-दूसरे को तलाशते हैं। लेकिन बात शुरू करते ही, पहला शब्द बोलते ही लगता है, ओह क्या बात कहनी थी? जेब में रेज़गारी टटोलने जैसी जुगत से बात खोजते हैं फिर दो वाक्य के बाद ही लगता है ये तो पहले की जा चुकी थी। फिर अटपटा

कर, लम्बे मौन में जहाँ सिर्फ़ एक-दूसरे की साँस सुनी जाती हो, एक लम्बी उसाँस भरकर कहते हैं, कई बार बिलकुल एक साथ...अच्छा फिर करते हैं बात। फिर किसी अजनबी के साथ हँसी बाँटने जैसा महसूस करते हुए अलग निकल जाते हैं।

क्या बात करें?

किससे बात करें? क्या बात करें? गालों पर पेंसिल टिकाए सोचते हुए चेहरे दिखते हैं, सोच की घरघराती मशीन का वाजिब प्रॉडक्ट क्या है, हाथ नहीं आता। हाथ आता है, स्वाति? स्वाति मेरी तरफ़ देख रही है, दिखता है, वाकई सुन पा रही है ऐसा नहीं लगता। लंच के बाद बेसमेंट के कॉरिडोर की भीड़ के अकेलेपन में फिर अपना शिकायतनामा पढ़ेगी, 'तुम आजकल बात नहीं करतीं।' भीतर कोई बात थी, तैर रही थी, एकदम से ठहर जाती है, स्वाति इज राइट, बहुत कर लिया, अब करती-करती थक गई हूँ, लेट मी थिंक फॉर अ मिनट। ज़रा साथ सोच लें, स्वाति, बुरा तो नहीं मानोगी ना?

मौसम, ट्रैफ़िक, अख़बार के हेडलाइंस, बिजली की आउटेजेस, दफ़्तर की पॉलिटिक्स, कामवाली के नखरे और माइग्रेन की दहशत, उसके बाद? उसके बाद क्या, कोई बताएगा मुझे? जीवन बीतता रहता है, रीतता रहता है, मतलब की बात नहीं आती पकड़ में। बारिश की झड़ी में भीतर समटाए, काले घने बादलों को देखते सिर्फ़ ख़ुद से हो सकती है बात। तुम्हें बुरा लगता है तो आई एम हर्ट, स्वाति, बट दैट इज़ हाउ इट इज़।

बच्ची की उँगली हथेली में थामे मैं कहती हूँ उससे, 'बच्चे, मुझसे बात करो।' बच्ची हाथ छुड़ाती भागती है, 'अभी नहीं बाद में, बाथरूम, डिनर, माँ का फ़ोन, कुर्सी पर बैठे-बैठे जाने कब झपकी आ गई के बाद बालकनी में लगा कोई चिड़िया आकर बैठी है, होश में लौटती, हाथ तोड़ती बालकनी में झांकती हूँ तो कोई चिड़िया नहीं दिखती। चिड़िया का पर भी नहीं दिखता। दोस्त से पूछती हूँ, 'आख़िर क्यों करते हैं बात हम? मिलता क्या है आख़िर?'

दोस्त बिना जवाब दिये जारी रहता, कॉफी की घूँट के बीच व्यस्त कहता है, समय नहीं है इसके लिए, पहले ये तय करो कि मिलना ही क्यों जरूरी है। व्हाई यू आर सच अ मैटिरियलिस्ट? बात से भी कुछ पा जाओ ऐसी बुर्जुआ आकांक्षा, रियली दिस इस द लिमिट।

दफ़्तर में कोई और दिन। कामों के शोर में मतलब कि ख़ालीपन से भरा दिन। सहकर्मी से फाईल्स निपटाते बीच में पूछ लेती हूँ, 'तुम क्यों करते हो बात?' भौचक देखता, कहता है पहले ये फाइल निपटा लें? फ़ुरसत मिली फिर तो बैंगलोर में एक घर ख़रीदने की बात चल रही है उसके बारे में तुमसे राय लेनी है।'

कैफेटेरिया में खाने की मेज़ पर देखती हूँ, तश्तरी और चम्मच की खनक के बीच, बात को कटोरियों से होते, नमकदान से गुज़रते, नैपकिंस की तह में खोते। वहीं, खाने में आज तीखा कम है, तेल ज़्यादा है, सामने लगे टीवी पर राखी सांवत है, पीछे दीवार पर टंगी पेंटिग में अफ्रीकी औरत है, अक्वेरियम टैंक में तैरती, गोल गोल गप्पी मछलियाँ हैं, बात कहीं नहीं है। नोव्हेयर। और डैम्म, क्यों नहीं है कि चिंता किसी को नहीं है।

रात को चैट मित्र से हरी बत्ती टिमटिमाते ही, क्या ख़बर में कोई ख़बर नहीं की रसीद नत्थी करती, चैट लिस्ट की सब लाल-हरी बत्ती को नमस्कार करती पूछती हूँ, अच्छा सोच कर बताना, आज कोई बात जैसी बात हुई?

सबकी रौशनी गुल हो जाती है।

याद आता है बरसों पहले किसी ने कहा था, तुम बड़ी अजीब बातें करती हो।

इवॉल्यूशन

ज़मीन पर ठीक अपने पाँव जितने या ज़रा ज़्यादा बड़े लकड़ी के तिनके से लकीर खींचते सोचती हूँ...ये है मेरी सरहद, बस इतनी, इससे ज़्यादा और कितनी चाहिए, फिर आहिस्ते से एहतियात से अपने पाँव हटाती हूँ बुद्ध के पाँव के निशान जैसे...महायान बौद्ध, इतना भर भी क्यों चाहिए जब बुद्ध गए फिर क्या बचा? कमल मुद्रा? कमल सूत्र, महाज्ञान?

फिर हमारा ज्ञान किधर है? विस्तार पाते-पाते, सीमाओं की सीमा तक भी ख़त्म होते, घर के शहर प्रांत देश पृथ्वी ब्रह्मांड से अचानक किसी रिवर्स गियर में चलते वापस उसी क्रम में घर को लौटते, उसी नवीन ज्ञान पर ख़ुश होते यूरेका कहते, उलटे पाँव पर पैर रखते फिर से नियनडर्थल मानव बन जाते। यही इवोल्यूशन है, सामने बैठा चतुर चतुरानन मुझे समझाता है, फिजिक्स के नियम और आइंस्टाइन की रिलेटेविटी थ्योरी, डीएनए कोड का लहरदार रिबन जैसा तर्क लहराता है।

'देखो', उसकी मुद्रा गुरु गम्भीर है, 'तुम क्या हो? तुम जो हो उसका वास्ता किससे? तुमसे ही न, फिर? तुम्हारा परिवार...फिर... ?'

वह मुझे रिटार्डेड बच्चे सा उकसाता है, 'हाँ बोलो-बोलो...'

मैं अपने उसी एक तर्क पर अटकी हूँ लेकिन...वृहत मनुष्यता का क्या? सब अलग हैं तो फिर एक कौन है? 'हम एक स्पिशीज़ हैं कि नहीं? हमारे बीच कॉमन क्या है? अब तुम कहो?' मैं विजयी भाव से पूछती हूँ।

वह लॉस्ट कॉज़ की तरह मुझे देखता कहता है, 'हमारी सीमा अब हम तक है...मेरी मुझ तक और तुम्हारी तुम तक। आरपार जाने के लिए, तुम तक भी पहुँचने के लिए पारपत्र बनाना होगा।'

'तुम्हें पता है उन दिनों के कम्यूनिस्ट देशों में, पूर्वी जर्मनी और चेकोस्लोवाकिया और पौलेंड में पत्नी पति के ख़िलाफ़ और बच्चे माता-पिता के ख़िलाफ़ सूचनाएँ सरकारी-तंत्र तक पहुँचाते थे। तुम चाहते हो हम वहीं रिग्रेस कर जाएँ? अपने तर्क के समर्थन में मैं ऑरवेल को याद करती हूँ, उँगलियों पर सोल्झेनित्सिन के गुलाग को जपती हूँ, ऑशवित्ज़ और सॉबीबोर त्रेब्लिंका बोलती हूँ और वहीं मुझे फिर वह पटकनी दे देता है...

वही वही ऑशवित्ज़ और बेर्गेन बेल्सेन रिपीट न हो...उसके लिए ज़रूरी है यहाँ काँटों की बाड़ खींच दी जाए, उँगली से एक काल्पनिक बाड़ खींचता है हमारे बीच, फिर अपने माथे पर, और यहाँ ताकि मैं सुरक्षित रहूँ, हम सब सुरक्षित रहें एक-दूसरे की घृणा..., एक-दूसरे की नफ़रत, एक-दूसरे से अलगाव इन सबसे...द फाइनल सॉल्यूशन...

'तुम्हारे हिसाब से हर आदमी...'

वो बीच में लपक लेता है, 'और हर औरत एक देश हो..., मुकम्मल अपने आप में।'

अब मैं लोकती हूँ और हम फिर बार्टर सिस्टम में लौट आएँ या अपनी ज़रूरतें ख़त्म कर लें?

'जो तुम चाहो और मैं दे सकूँ ऐसी एकदम बराबर की लेनदेन अगर संभव हो तभी हो वरना न हो।'

'तो जिन ज़रूरतों का देन अगर किसी के पास न हो तो?'

'तो उन ज़रूरतों को ख़त्म कर दो ऐसा करते-करते एक दिन ज़रूरतें सिकुड़ती ख़त्म हो जाएँगी।'

मैं बुद्ध पर लौटती हूँ, 'सुनो...द *तिबेतन बुक ऑफ़* द डेड पढ़ा है? मार्गदर्शन पुस्तिका है मृत्यु से पुनर्जन्म तक के सफ़र का...'

वो किसी ऐयार सा फिर कमंद फेंक मेरे शब्दों को लपेट अपने तर्क के दायरे में खींच लेता है, उसकी आवाज़ एक लय एक ख़ास स्वरोच्चारण में उठती–डूबती है...

'दुख...दुख जो उपजा जन्म से, बुढ़ापे से, बीमारी से मृत्यु से, पीड़ा और अवसाद से, लालसा से, अप्रीतिकर के जुड़ाव से, आनन्द के अलगाव से, जो चाहा उसके न मिलने से...

उसने अब दूसरी उँगली गिराई, 'समुदाय या दुख का मूल क्या है...? लालसा।'

अब तीसरी...

'और दुख का निवारण? निरोध और?'

अब चौथी...

'उसका मार्ग?'

'द नोबल ऐटफोल्ड पाथ।'

मुझे लगता है वो किसी आइसलैंडिक भाषा में मुझसे बात कर रहा है। उसके स्वर और व्यंजन मेरी समझ के परे की चीज़ हैं। वो किसी भी भाषा में बात करे, मेरी समझ के हद वाली भी, तो उसके तर्क अजीबोग़रीब खिलवाड़ करते हैं। कभी बन्दर की तरह कूद कर पेड़ की डाल पर उचक लेते हैं, कभी किसी सील मछली की तरह पानी में डुब्ब–डुब्ब बुलबुले छोड़ते हैं।

'मैं सिर्फ़ ये जानना चाहती हूँ कि आज के समय में मैं क्या हूँ? इनसान हूँ? नागरिक हूँ? देशभक्त हूँ? मेरी वफ़ादारी किसके प्रति है, मेरे अपने, मेरे राज्य, मेरे प्रांत, मेरे देश के लिए, मेरी एकमात्र जीवों को पालने वाले पृथ्वी के लिए? मेरी प्रजाति के लिए? होमो सेपियंस? सभी जीवों के लिए या किसी के लिए भी नहीं..'

'तुम्हारी ज़िम्मेदारी, सुनो ध्यान से, वफ़ादारी नहीं ज़िम्मेदारी, सिर्फ़ अमूर्त भावों के प्रति है। उनके प्रति जिन्हें तुम छू न सको, तुम्हारी सरहद ये शब्द पंगु है, भावों को सम्प्रेषित करने के लिए हमें नये शब्द ढूँढ़ने होंगे, नये नियम गढ़ने होंगे...' उसकी आवाज़ यांत्रिक होती जा रही है, और जब तुम्हारे मन का विस्तार इतना हो कि छोर ख़त्म हो जाए तब ये शब्द इतना फैल जाएँगे कि तुम कहोगी तो एक अक्षर को कहा जाना एक सदी जैसा होगा...'

मैं चिढ़कर कहती हूँ, 'तब तक दुनिया ख़त्म हो जाएगी।'

उसके चेहरे पर आत्मिक आभा है, 'हम अब उसी समय में हैं, जो तब...अब है।'

आईने में मेरा चेहरा कुछ-कुछ होंठों के पास टेढ़ा लग रहा है कुछ उस आदमी जैसा जो कल-परसों, पिछले दिनों, पिछले महीने मरता रहा, कभी किस ब्लास्ट में, कभी किसी दंगे में, कभी भगदड़ में, किसी हेट क्राइम में, किसी कॉसनट्रेक्शन कैम्प में, किसी और के लिए चलाई गोली में या बस ऐसे ही जिसकी तसवीरें दिखाई जा रही हैं, ब्रेकिंग न्यूज के स्ट्रिपर पर, गूगल के खोजे गए साइट्स में, अख़बार के पिछले और चमकदार पत्रिका के चौथे पन्ने में। वो किसका चेहरा था? एक उभरते दहशत से देखती हूँ कि वो चेहरा मेरा ही चेहरा था। हमारा चेहरा। और उसको मारने वाले हाथ? मेरे ही थे? मेरे, हमारे मानव जाति के विकास का एक पूरा क्रम। फुल सर्किल।

फोटो के बाहर ज़िन्दगी

अकेलेपन का स्वर भीगा सा है, चाय के ग्लास के रिम पर
ठिठकता है, मुड़ता है, बैठता है, दो पल फिर उदास भारी साँस लिये
कन्धे सिकोड़े उठ बैठता है, निकोटीन से पीली पड़ी उँगलियों को
फूँकता है बारी-बारी से, सरियाता है ऐशट्रे में
दो सिगरेट की टोंटियाँ आपने-सामने, जैसे दो लोग बैठे करते हों बात
शीशे पर चोंच ठोंकती चिड़िया मुस्कुराती है उसके बचकाने खेल पर
फड़फड़ा कर सुखाती है पंख
उलटे लटके छाते से गिरता है अनवरत पानी
फिर एक बूँद और एक।

रॉकिंग चेयर की छाया हिलती है। लम्बी होती है फिर बरामदे के अँधेरे से सटती है। एक दबी हँसी गुम विलीन हो जाती है। कहीं से बासमती चावल के पकने की ख़ुशबू तैरती आती है बेहिचक अन्दर। काँसे के बर्तन में बढ़ता हराबेल बनाता है कंट्रास्ट और खट से क़ैद हो जाता है फोटोफ्रेम में। दिन तारीख़ ईस्वी सब दर्ज़ फोटो के पीछे। जैसे उसका ख़ूबसूरत चेहरा डिफ़्यूज होता है पीछे के बैकग्राउंड में।

काले स्लैक्स और ढीली सफ़ेद टीशर्ट में घूमती दबे पाँव बिल्ली खींचती है तसवीरें। चीज़ों को ज़रा इस ऐंगल, थोड़ा उधर। खट-खट-खट। अब हँसो, अब मुस्कुराओ, अब ज़रा संजीदा। बीच-बीच में चाय का प्याला, एक घूँट तेज़।

उसने ग्लास में दो उँगलियाँ नाप कर डाली थीं कोन्याक। उसके पहले कुछ और भी। हलका नशा था। मन डोलता था। उसकी चाय की चुस्की के जवाब में उमगता हुआ एक घूँट। बाद में आया था पैकेट। वो नहीं आई थी। उसने हैरानगी नाराज़गी से सोचा था। तो सिर्फ़ ऐसे ही कह दिया था कि ख़ुद लेकर आऊँगी। मक्कार मक्कार। उसके भोले चेहरे के पीछे छुपी मक्कारी नहीं दिखी थी तब?

पैकेट फिर कभी ग़ुस्से में खुला नहीं। फिर जब इतना समय बीता कि ग़ुस्सा कपूर की तरह उड़ गया। तब उत्कंठा नहीं बची। उस न बचने वाली उत्कंठा का स्वाद भी कैसा है, अकेलेपन के स्वाद जैसा। उसके छोटे बालों की फुनगी पर टिका एक दूब का टुकड़ा जैसे।

कुर्सी हिलती है। बाहर कितनी बारिश है। खिड़की के सिल पर दुबकी गौरैया क़ैद होती है फोटोफ्रेम में। कल के अख़बार में छपेगी तसवीर रंगीन छतरी लिए हँसते-भीगते बच्चों के बगल में बारिश से बची दुबकी गौरैया की।

जी में आता है यहीं मर जाइए

वो जगह अँधेरे की जगह थी। गाढ़ा अँधेरा। हाथ बढ़ाओ तो पोरों को छूकर साफ़ निकल जाए। फिर हम आँखें बन्द कर लेते और उँगलियों से देखते और देखते कि हमारे शरीर पर ऐसे पंख उग आए हैं जो अँधेरा चीर कर कहीं उड़ा ले जा सकते हैं। और हम बाज़ बन जाते। हमारे डैने हवा को चीरते, अँधेरे को चीरते और हम आज़ाद हो जाते, आज़ाद परिन्दे। हमारे बदन पर हवा सट-सट फटकार मारती, हमारे चेहरे पर हवा चाबुक चलाती, हमारी आँखों से आँसू बरछी की तरह तेज़ निकल कनपटी तक फैल जाते, हमारी छाती तेज़-तेज़ धड़कती, हमारी नब्ज़ से एक जुनून बिजली सा कौंध जाता, हमारे पैर की कानी उँगली का नाखून खिंच जाता और हम ऐसी शिद्दत से ज़िन्दा होते ऐसी शिद्दत से कि बस...

पर ऐसा कभी-कभी होता। ज़्यादातर हम पड़े रहते, चित्त और अँधेरा हमें ओढ़ लेता। हम आँखें फाड़-फाड़ देखते और हमें कुछ भी न दिखता। फिर हम थक कर आँखें बन्द कर लेते। तब ये अँधेरा कुएँ के अतल गहराई का अँधेरा होता। कुछ-कुछ भयानक, कुछ ज़हरीला, काई से भरा जहाँ रौशनी का एक कतरा भी साँस न लेता। उँगली वहाँ डुबाओ तो पानी के साथ लसलसा अँधेरा

भी चिपक जाए और घबरा कर हाथ चाहे लाख झटको छूटे ही ना। और ऐसी नीम घबड़ाहट में आँखें खुल जातीं। खुल जातीं और अँधेरा तब भी न छूटता। हम छटपटा कर...रह जाते पर तब भी न छूटता। हम अँधेरे के क़ैदी ताउम्र क़ैदी किससे गुहार करते.. ? किससे कैफ़ियत माँगते ?

फिर किसी दिन या शायद किसी रात कोई लड़की एक जुगनू छोड़ देती। बच्चों की हँसी भरी चुलबुलाहट उस जुगनू की पीठ पर बैठ कर अँधेरों में धीरे-धीरे उतर आती। हम साँस रोके दम साधे महसूस करते रौशनी के आभास को...उसकी गर्मी को। हमारी त्वचा, अँधेरे से पीली-पड़ी त्वचा सिहर जाती किसी आगत के उत्साह में, आकुल-बेकल। एक साथ हँसी और एक साथ रुलाई होड़ लगाती, उफनती, धक्कमपेल, धक्कमपेल...सब एक साथ। और हम एक साथ जी जाना चाहते हैं एक साथ...सब एक साथ...मर जाना चाहते हैं सब एक साथ।

✪✪✪

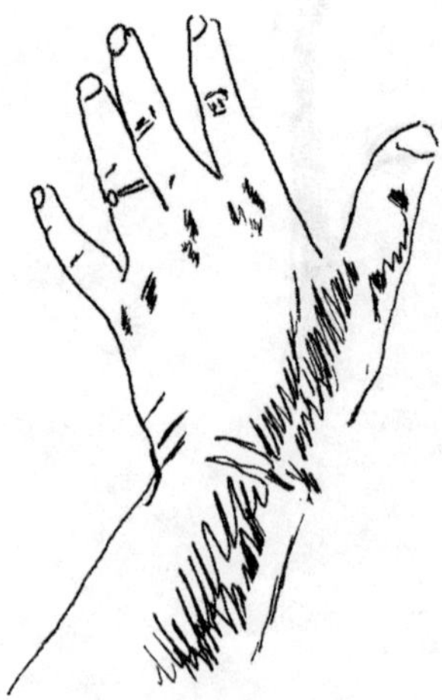